加爾默羅靈修

凡尋求天主，深感除天主外，
心靈無法尋獲安息和滿足的人，
會被吸引，進入加爾默羅曠野。

星火文化

Orar con Santa Teresa de Jesús

聖女大德蘭的祈禱學校

西班牙密契大學校長
方濟各．沙勿略．桑丘．費爾明——著
FRANCISCO JAVIER SANCHO FERMIN OCD
韓瑞姝——譯

多虧了祈禱，
內在和外在
轉化成熟

「和那位，我們知道愛我們的天主，

像朋友一樣交往，

常常，

親密獨處。」

——耶穌．德蘭（Teresa de Jesús）

CONTENTS

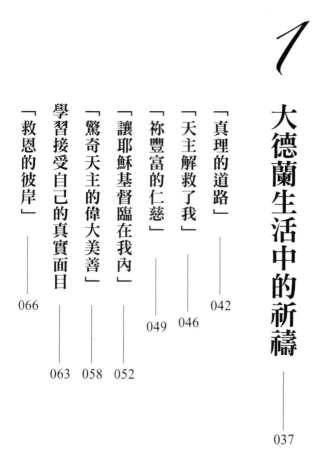

2

CONTENTS

4

CONTENTS

〈天主經〉
默想耶穌的奧跡
想念基督對我的愛
尋找同路夥伴
求助於專家或有經驗者
面對外在或內在的困難

天主居住在我們內
愛所有人的天主
改變我生命的天主
常常臨在的天主
永不停息地給予我的天主
使我富有的天主
向天主的真愛打開自己
信任天主，祂是朋友
鼓起勇氣

CONTENTS

5

CONTENTS

CONTENTS

Introduction
前言

「主，請教我們祈禱吧！」宗徒們這樣向耶穌祈求，他們認識到自己的無能為力，沒辦法做真正的祈禱，同時也承認他們的需要：學習和天父交流。

像宗徒們這樣的人，在他們的宗教傳統裏，從小就學習祈禱；現在他們卻向耶穌說出如此的話，這是不可思議的。很有可能是因為在老師身上，他們開始覺察到，耶穌的祈禱方式很不同於他們的宗教傳統所教；可能也因為，耶穌的教導，談到了天主不同的面貌，他們對此不那麼習慣。耶穌所談到的是一位以陌生的、前所未有的方式，尋求和祂的孩子們建立關係的天主。因此，這裏出現了「新酒裝在新皮囊裏」（《馬爾谷福音》二：22）的需要。

耶穌經常隱退、到山上、獨自徹夜向祂的天父祈禱；此外，耶穌也嚴厲地批評法利塞人的祈禱模式，祂的弟子們看到這些，不會毫無反應的。那麼，到底該怎樣來祈禱呢？怎樣來實現法律的這項基本要求呢？

耶穌清楚意識到，在一位是阿爸的天主、降生成人的天主、和稱我們為「朋友」的天主的這些新面貌前，宗教儀式和祈禱也要必須與這新的方式相符，這個新方式就是：天主把自己給出、讓我們經由耶穌認識祂。耶穌也這樣傳達給撒瑪利亞婦人：「時期已到，那些真正朝拜的人，將以心神和真理朝拜父。」（《若望福音》四：23）

耶穌教導祂最親密的朋友們怎樣祈禱，也就是說，怎樣和天父建立關係：祈禱絕不是什麼儀式主義，而是要獨處；不是要講很多話，而是用心交流；不是提前準備好經文，而是要敢於稱天主為「阿爸」。這是一種強調關係和經驗的新的祈禱模式。

二十世紀偉大的神學家卡爾·拉內（Karl Rahner）[1]，早就主張恢復福音化祈禱的存在性、關係性幅度的需要，也就是說，與天主個

---

1. K. RAHNER, *Palabras de Ignacio de Loyola a un jesuita de hoy*, Sal Terrae, Santander 1990,10-12.

西班牙密契大學校園。

西班牙密契大學校園。

人性的相遇：「有一點總是確定的：人是可以親身經驗到天主的。在任何情況下，我們的牧靈工作都應該、並且要牢記這個不可磨滅的目標。幫助人們來經驗天主，祂一直都在，要繼續和天主保持聯繫，是今天比以往任何時候更重要的事情[1]。」

亞味拉的聖女就是在這種福音活力中生活的。為了讓我們深入研究大德蘭的祈禱，我認為要意識到一個進程是很有意義的：今天教會從標記這個時代的雙重角度提出這個進程，那就是：「新福傳」的需要，和「恢復信德生活」的渴望；這份對恢復信德生活的渴望，在整個信德年中已展現出來，無論是教宗本篤十六世，還是教宗方濟各，都對此有所表達。

舉例來說，教宗本篤十六世於二〇一二年十月二十四日，在聖伯多祿廣場的例行公開接見所做的反思中，就可以體現出。教宗在講話中明確地說明了需要信德生活的原因，信德生活只有藉著祈禱，才能夠加深，才有生命力、有活力。實際上，這與聖女大德蘭在五個世紀之前所發現的是相同的：

「信德是我把自己自由地交託給天主的行為，祂是父親，祂愛我；信德是融入天主之內，是祂賜給我希望和信賴」；「信德是相信天主的這份愛，面對人類的罪惡，祂的愛不會減少」；「懷有信德就是和這位天主相遇，祂保存我、並給予我不可摧毀的愛的許諾，這份愛不僅僅使我渴望永恆，還賜予我永恆」；「讓自己像孩子一樣來信賴天主，小孩子很清楚知道自己所有的困難，但他知道所有的問題都會在母親身上得到解決」；「基督徒式的信德意味著要帶著信賴放棄自我，天主保存了我和這個世界，這個含義是很深刻的，我們沒有能力來給予自己，只能作為禮物來接收。」

為了能夠真正地生活出這每一句定論，需要一個有生命力的、和關係性的空間，這與福音的模式、與大德蘭的方法是一致的。實際上，信德涉及到人和天主個人性的關係，也是在這份關係上來奠定基礎的，正如前述場合教宗本篤十六世所強調的。

為大德蘭而言，信德是她的個人生活態度，是她和耶穌基督、和天主聖三的關係。從這個意義上來講，為那些所有想要以真實、徹底的方式生活信德的人，聖女堪稱是他們的精神生活典範和老師。這超越了只是對信仰的宣認，而是讓所有這些真理得以實現，並在自己的生命中產生實際的影響，而這條路不能不是「和天主的友誼」之路。

縱觀基督教的歷史，很多男男女女都很重視一個需要：就是按照耶穌的榜樣和教導，徹底地生活他們的信仰。雖然這意味著，很多次得逆流而上，並且，還得擺脫，一直以來在儀式主義的威脅下，形成的祈禱的錯誤觀念和習慣性的做法。

聖女大德蘭就是這些證人中之一，教會認可她為祈禱和靈修者的導師，並且，在一九七〇年宣封她為教會的第一位女聖師。

聖女雖然生活在一個過度等級化和強調法規的環境中，但她懂得回到與耶穌、與天主交往的福音清澈中。面對將禮儀和祈禱如此儀式化的教規、使得人們無法觸及祈禱和禮儀生活，在這種情況中，大德蘭以她的生活和榜樣，詮釋了一種友誼交往般的祈禱。一位女性敢於和天主像朋友、像弟兄、像良人般的交往，其實並不是什麼創新，而是接受耶穌親身教導和榜樣的效果。那些當時拒絕的人，和今天仍然拒絕與天主「結識」的人，是因為他們尚未發現福音的偉大新奇。

在這個意義上，談論聖女大德蘭的祈禱，就是談論福音祈禱的精髓，就像天主過去願意、今天依然願意，和按照祂肖像與模樣所造的人建立關係。對大德蘭來說，沒有一個真正跟隨基督的人，他同時不是一個真正的祈禱者，也就是說，一個與祂建立友誼的人。

因此，這不是談論技巧或選擇性實踐的問題，而是關於耶穌的每一位追隨者，即所有的基督徒，在其生命中必須關心和成長的道路。祈禱，對大德蘭來說，是「天主的朋友」、基督的追隨者本來就該有的生活方式。天主所需要、所希望、所期待於我們的是：做祂的朋友，做祂真正的朋友。

在這些篇幅裏，我們會讓大德蘭來教我們祈禱，就像耶穌希望我們祈禱一樣。誰也不要去想這是一條複雜的道路。你只需要願意（大德蘭會說：「堅定的下定決心。」），因為天主比我們更加堅持、想要成為我們的朋友：「天主從不厭倦給予，我們則要敏於接受。」

願聖女大德蘭幫助我們走上與天主的友誼之路！

波哥大（Bogotá）[2]，二〇一四年一月六日

2. 哥倫比亞首都及該國第一大城。

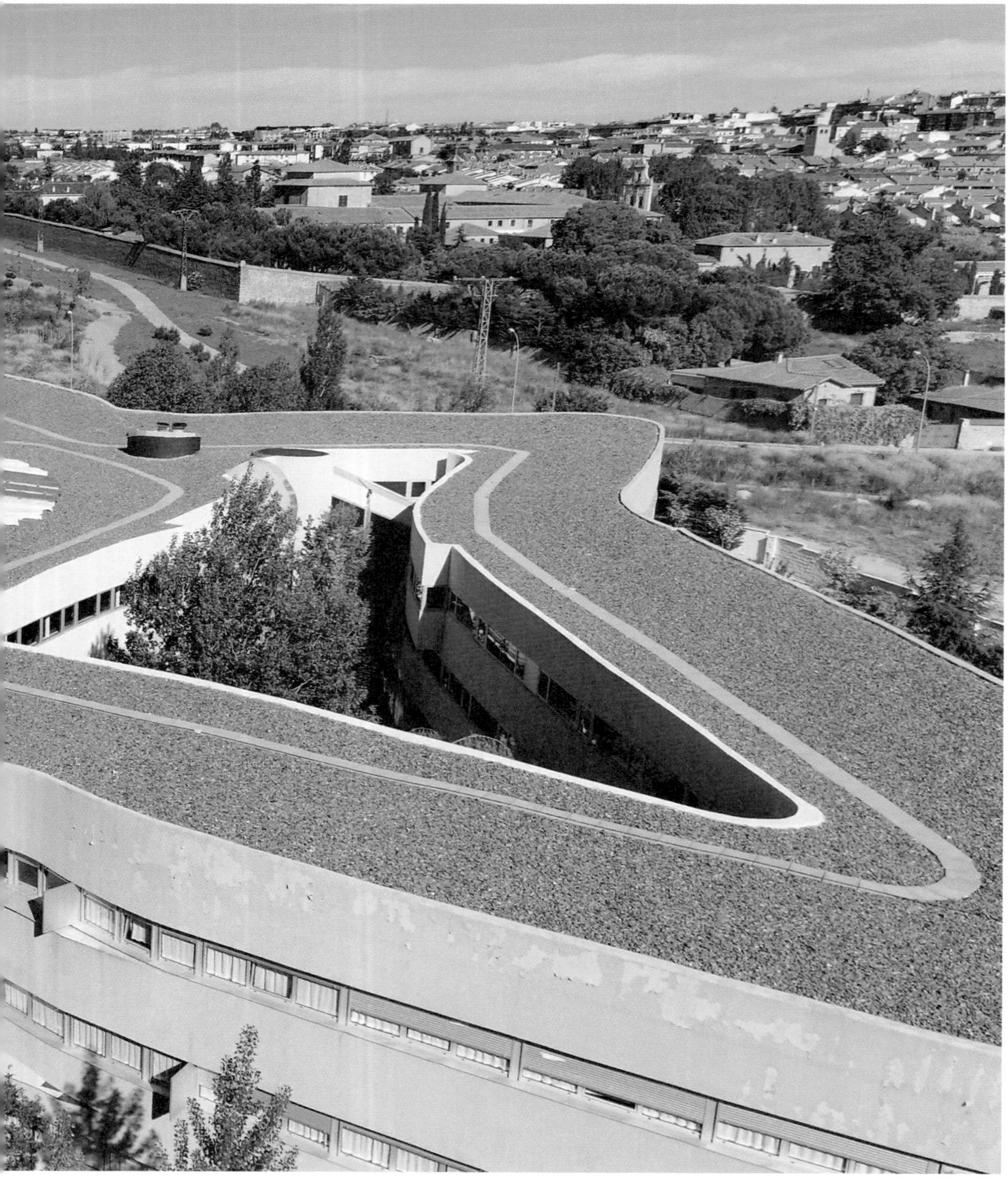

鳥瞰西班牙密契大學。

univer
tica

Introduction
引用作品簡稱列表

聖女大德蘭作品 簡稱（按西班牙文字母順序排列）

我們會不斷地引用大德蘭的作品，這些內容都取自於托馬斯．阿爾瓦雷斯神父（P. Tomás Álvarez）編著的《聖女大德蘭著作全集》[3]，並將以以下縮寫詞來引用。

《城堡》[4]	《靈心城堡》
《沉思》	《天主之愛的沉思》
《呼聲》	《靈魂對天主的呼聲》
《建院》	《建院記》
《全德》	《全德之路》（瓦亞多利 - Valladolid 手稿[5]）

3. "*Obras Completas*" preparada por el P. Tomás Álvarez, Ed. Monte Carmelo, Burgos 19978.
4. 七重住所的序號標在城堡之後，如：《城堡》1．1．1 是指第一重住所，第一章，第一節。
5. 聖女大德蘭的《全德之路》有兩部手稿，第一部保存在埃爾．埃斯科里亞（El Escorial），第二部保存在瓦亞多利（Valladolid），這兩部手稿也因所存放的地方而得名，此書所引用的是第二部手稿的內容。

《詩集》　《詩集》

《自傳》　《聖女大德蘭自傳》

西班牙密契大學校園。

西班牙亞味拉密契大學校園。

1

大德蘭
生活中的祈禱

走近聖女大德蘭[6]的生活，就是使自己進入一個尋求真正追隨基督的生活。每個時代的人都在大德蘭的作品中發現了一種不斷的預覺，即：要與耶穌基督建立一份個人的、有生命力的關係，要向和天主的這份關係開放。大德蘭在其著作裏，不僅不斷地向我們談論祈禱，而且也會讓我們不知不覺地沉浸於祈禱的實踐之中。她的生活就是很自然地、在活出天主的親密和不斷的臨在之中逐漸成形。

但是，這條道路，正如她自己在《自傳》中所證實的，並不是那麼容易。在某種程度上，由於個人的限度，不能對天主保持不斷地開放；另外也因為，她並不是總能找到開啟這條祈禱之路的指導、支持和幫助。

幸運的是，我們有她的生命見證，這啟發、並幫助我們瞭解，在她個人的成長中，專心致力於祈禱的重要性和核心地位。

像其他人一樣，大德蘭必須走自己的路，從錯誤中吸取教訓，並注意上主在祈禱之路上引導的呼聲。

當聖女完成她第一部巨著——《大德蘭自傳》的最終編輯時，已

6. 聖女在她著作中的簽名是耶穌・德蘭（即本書目錄前一頁的題名），但在此中文譯本中，一律採用大家已經所熟悉的名字：大德蘭。

1 —— 大德蘭生活中的祈禱

年近五十。在已經達到一定的人性和精神上的成熟之後，她能夠用一種感恩的眼光，以不同的方式重讀個人的歷史。她知道，天主從未離開過，雖然她並不總能看到和認出祂。但是，最重要的，她也非常清楚，是多虧了祈禱，她的生活才日漸成熟，也使她找到了自己的路。她毫無疑問地承認這一點：只有靠著祈禱，才有這個講述自己生命歷史的時機。

西班牙亞味拉密契大學校園。

她的信念如此堅定，以至於毫不猶豫地向我們講述「她可憐的罪惡生活」，以便使我們意識到天主仁慈行動的同時，也讓我們自己被這條道路所「吸引」。這條路會帶領我們穿越一扇門，帶到天主為我們所預留的豐富寶藏面前。現在，讓我們試著進一步瞭解聖女大德蘭的經歷，或者是說天主在她生命中的經歷，作為讓我們沉浸於祈禱之路重點中心的關鍵。

「真理的道路」

在大德蘭童年時代的記憶中，她強調對天主事物的渴望，並享受關注聖人們所帶來的巨大好處。那種兒時的虔誠變成了想做殉道者或隱修者的渴望。其實，那些「小孩兒的夢想」真正留給她的，是對尋求真理的開放和準備：「我們用許多時間談論這事，也喜歡不停地念著：永遠、永遠、永遠！正如我一再說過的，在此幼年時代，上主願意把這個真理之道銘刻於我內。」（《自傳》1，4）[7]

7. 譯者按，本書所引用的聖女原著的中文版本，參考的是臺灣加爾默羅聖衣會為慶祝大德蘭誕生五百週年的新譯本（《聖女大德蘭自傳》、《聖女大德蘭的全德之路》、《聖女大德蘭的靈心城堡》、《聖女大德蘭的建院記》，皆由星火文化出版），但有些詞句為方便理解，也有所修改。

對這一真理的意識，——儘管是幼稚的——，但為她的一生留下了意義非凡的痕跡，尤其是對祈禱，和與天主的相遇上，開啟了她的心門。

事實上，在步入青春期之初，那顆早已向奧跡敞開的心，在失去母親時，帶領她將自己託付於聖母手中：「記得家母過世時，……當我開始瞭解自己所失去的是什麼，我哀傷地走到一尊聖母像前，淚汪汪地懇求她做我的母親。雖然我單純地這樣做，這卻對我有助益。我發現，在每一件我向她祈求的事上，這位至高無上的聖童貞總賜恩於我，最後吸引我歸向她。」（《自傳》1，7）

大德蘭在這裏給我們提供了她祈禱生活的初次見證，此外，這也凸顯了，任何對天主的誠懇靠近，總是那麼的有效，雖然一個人在當時並不是很有意識。這就是大德蘭祈禱的一個基本原則：我們要相信，我們的祈禱總是被俯聽和被接納的，即使我們看不到立竿見影的效果。在這個意義上，我們看大德蘭的祈禱：「我的主啊！因為看到祢已決心要救我，我懇求至尊陛下，使之實現。既然祢已賜我許多恩

惠，那麼，在祢經常居住的客房中，祢不認為更好是不那麼骯髒嗎？這不是為了我的利益，而是為了崇敬祢。上主啊！甚至說及這事也令我難受，因為我知道，所有的過錯全是我的。我不認為，為了使我從這樣的年紀起全是祢的，祢還要多做些什麼。」（《自傳》1・8）

毫無疑問，大德蘭在她的祈禱中傳達給我們的這個信念，是一個極大的吸引力。即使還只是偶爾的練習，也能使我們確信祈禱的力量和價值。我們將會更深入地領悟真正祈禱生活的巨大好處，正如大德蘭給我們所確保的那樣。

1 ——— 大德蘭生活中的祈禱

「天主解救了我」

青春期對年輕的大德蘭來說，曾是一個危機時期。母親的去世，還有那個年齡段特有的衝動，使得她的祈禱生活越來越冷淡，對天主的敬畏也漸漸消失，且更受世俗影響、迷戀於世間的虛榮。但是，即使在這種情況下，大德蘭依然承認，天主解救了她，「保護我免陷於完全的喪失」。（《自傳》2・6）

大德蘭的虛榮心使她的父親提高了警覺，為了避免更大的危險，父親將她送入聖母瑪利亞恩寵之母隱修院。正是在這個環境中，大德蘭再次重新「轉向童年時期的良好習慣」。她也意識到，「至尊陛下一再地深思又細想」，將她從冷淡中解救出來。（《自傳》2・8）大德蘭意識到，天主不會停止對她的陪伴，會一直這樣堅持下去。

在這種境況下，她的祈禱雖然還沒達到其最真正的意義，但已開始重新回到大德蘭的生活中：「我開始念許多經文，並尋求所有吸引

我歸向天主的事物，好讓天主指示我將來以什麼身份事奉祂。」（《自傳》3・2）

一場疾病迫使她不得不離開修院，這反倒成了一個適宜的機會，使那種形式化的口禱逐漸轉變為生命的相遇，儘管在形式上還處於初期階段。聖女在與她的叔叔伯多祿的會面中，叔叔向她講論天主，並讓她讀一些靈修書籍，這慢慢開啟了大德蘭的思維：「雖然我留在那裏沒有幾天，由於這位好陪伴者，及天主聖言，——無論是聽到的或念出來的——，給我的心帶來力量，我開始覺悟孩提時代所知道的真理，萬有的空無，世界的虛榮，及世界如此很快地歸於終窮，而且也害怕，萬一我死了，會下地獄。雖然我的意願沒有完全傾向做個修女，但我看到修道生活是最好、也是最安全的身份，所以漸漸地，我決定勉強自己接受。」（《自傳》3・5）

大德蘭甚至沒有意識到這一點，她正在開始一種新的祈禱模式，這是一種建基於和天主關係的祈禱模式，天主啟發她、慢慢引導她意識到自己和現實狀況。「孩提時代所知道的真理」不是別的，就是重

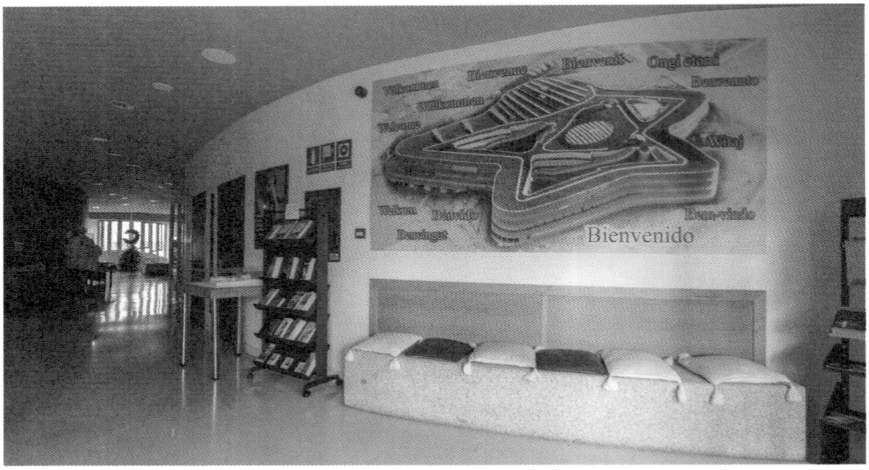
Ongi etorri
Bem-vindo
Bienvenido

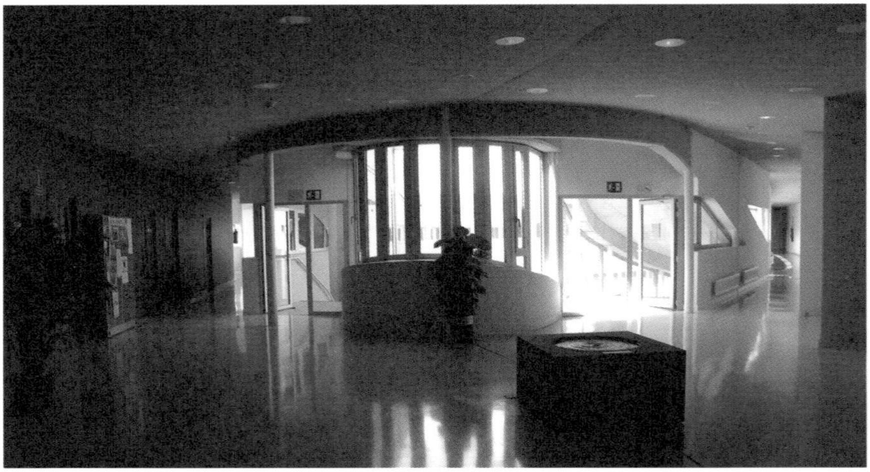

新和那位從未離開過她的天主交往，儘管大德蘭現在還不太認識祂。

「祢豐富的仁慈」

「在選擇身份的這件事上，我覺得被奴役般的怕情所驅使，遠超被愛推動……」。（《自傳》3・6）大德蘭用這些話，向我們描述了促使她進入降生隱修院的聖召動機。祈禱幫助她意識到了自己的生活，以及如何事奉天主，但是這只是道路的開始，她還必須跨越許多其它的障礙。

儘管她的父親沒有同意她的決定，但她必須得有靈修閱讀和祈禱的支持。正如大德蘭所認識到的，這個祈禱後來產生了影響：「我一穿上會衣，上主就使我領悟，祂如何恩待以勇力勉強自己服事祂的人……，當時，祂就賜我體驗當修女的至極幸福，直到今天，這個幸福感未曾離開過我。天主改變了我內在的乾枯，使我的靈魂得以體驗至極的甜蜜。」（《自傳》4・2）

大德蘭開始經歷內在的巨大變化，儘管她不明白這些變化「來自哪裏」。她享受著一種新的和天主交往的方式所帶來的好處，儘管她對此還沒有足夠的意識。她只知道：「由於害怕，而把一再湧現的好靈感棄置不顧，沒有按著去實行。」她認識到自己還不懂得如何專注於上主不斷顯示給她的大愛：「因為如果我能夠稍微回報祢開始顯示給我的愛的話，那麼，除了祢，我不會將愛放在其他人身上，這樣的話，一切都能補救的。然而，我卻沒能如此去做，沒有那樣的好福氣，上主！願祢現在以祢的仁慈來幫助我。」（《自傳》4・4）大德蘭當時還沒有發現這個途徑：祈禱是友誼的交往。儘管總體來說她的意圖都是好的，但她自己承認：「當我後來開始修行祈禱時，我還沒有天主的愛。」（《自傳》5・2）

疾病使她離開了修院，儘管後來返回修院，但還是長期臥床不起。她能夠超越這整個的疾病過程，都得益於她對祈禱的逐步發現和實踐，「我開始體驗祈禱，因此我能這麼順服祂的聖意，忍受痛苦。」（《自傳》5・8）大德蘭很快就意識到，開啟和天主的友誼之路所帶給她生命的巨大好處。她對康復的渴望好像也來自「單獨和天主在一起」的需要，因為在病房裏是不可能做到的。(《自傳》6·2)

在祈禱上的堅持不懈，逐漸變成了對天主更大的愛和在生活行為上的改善。她如此概括說：「在祈禱中，天主賜給我這個恩惠是件大事，因為這使我瞭解愛祂的意義。由於在短短的時間內，我看到在我內有一些新的德行，然而這些德行還不強壯，因為還不足以在義德上支撐我：不對別人不好，哪怕是在微小的事上；對於所有背後說人壞話的事，我往往避開。我深知，我不希望別人說我什麼，我也不該想要去說別人。在這一點上，遇到這樣的場合時，我極其謹慎，雖然有幾次不是那麼完美，但當遇有大事時，我從未失言；大致上來說，我是忠信的。所以，我力勸與我交往的人，要養成這個習慣。大家都知道，有我在的地方，就不會有背後說人閒話的事發生，這是我的朋友、親人和所有與我談話者的看法；然而在其它的事上，為了我所樹立的惡表，我得向天主交帳。」(《自傳》6·3)

「讓耶穌基督臨在我內」

由於疾病，迫使她離開隱修院，這讓她再次和她的叔叔伯多祿（Pedro）相見。在這個機會上，她發現了能幫她越來越多地意識到主所賜予恩寵的生活方式。有一本書是這個發現的關鍵，那就是方濟各．奧蘇納（Francisco Osuna）的《靈修初步〈三〉[8]》（*Tercer Abecedario*），這是一本學習內在收心祈禱的著作。這本書，以及另外一些她能接觸到的書籍，給她證實了，在幫助人們安全地踏上祈禱之路，這些書有巨大價值。所以也不足為奇，大德蘭總是叮囑所有想要走上這條路的人，要閱讀優秀的靈修書籍。

有關這本書帶給她的好處，她自己回憶說：「我不知道該怎樣祈禱，也不知道如何收心斂神，所以我很高興有這本書，並且下決心要全力按著去做。由於上主已經賜給我悔罪流淚的恩典，我很是喜歡閱讀。我開始找時間獨處，常常去辦告解，開始在這條路上前進，把這

---

8. *Abecedario Espiritual*是Francisco Osuna的巨著，全書共六冊，這裏指的是第三冊，主要內容是講「收心祈禱」；這本書讓聖女在祈禱生活上受益良多。

本書當成了我的神師。從我現在說的這段時間起，二十年之久，我在找神師，但沒找到一位瞭解我的神師，我指的是告解神師。這帶給我很大的傷害，導致我多次退步、甚至完全迷失了自己；因為神師能夠幫助我離開得罪天主的機會。」（《自傳》4．7）大德蘭承認，將近二十年來，是這本書一直在不間斷地支持她，讓她不至於在靈修的路上洩氣。也因此，她才有理由堅持：為了不獨自行走或迷路，要找一位能夠引導和支持的人是非常需要的。

她的祈禱方式會是很簡單的，這也是她所願意傳遞給我們的。實際上不是別的，就是將祈禱建基於信德所告訴我們的確信的道理，基督就在我們身邊：「我盡所能地保持耶穌基督，——我們的主和天主——，臨在我內，這就是我的祈禱方式。如果我是想祂所受的苦難，我就在內心重演祂所受的苦；然而大部分的時間，我是用來看聖書，這是我的全部所為；因為天主沒有給我思想推論和利用想像的才能。我的想像力很笨拙，甚至想要在我的腦海裏思想或重現主基督的人性，無論多麼費力，我都辦不到。」（《自傳》4．7）

大德蘭在這裏為我們提供了她的辦法，或者說方式，雖然她很清楚地認識到，這不是每個人都必須採取的步驟或方法。因為每個人要按照自己的方式，找到最適合自己的途徑或方法；而最重要的是要提高對天主臨在的意識。

對聖女來說，在她個人的祈禱中，聖書確實是多年來必不可少的支持：「除了領聖體後的時間外，我開始祈禱時從不敢不帶一本聖書；我的靈魂十分害怕祈禱時沒有書，好像我就要和許多人作戰似的。有了這個依靠，就如同有了一個夥伴或盾牌，可以抵擋許多思想的襲擊，我因之而得安慰。也倒不是經常感到枯燥，不過，如果我沒有一本書，我的靈魂就陷於混亂，思想也放蕩不羈；有本聖書在，我開始收心斂神，靈魂也會感到愉悅。許多時候，只要打開書，就已足夠。有時我讀一點兒、有時會多一些，全看上主賜給我的恩惠了。」（《自傳》4．9）

在祈禱之路上，這種自助的方法在她的生活中並非沒有益處。所以，她總是向我們強調，需要找可以幫助我們在祈禱之路上堅持不懈

CITeS

的方法。但是，她也提醒我們對任何方法絕對化的危險，尤其是當我們自己獨自行走時。因此，她堅持認為，需要有經驗的導師，好讓我們所用的手段或方法帶來最大的益處：「籍著聖書和獨居的機會，不會有危險引我離開這麼多的美善。而且我認為，依靠天主的助佑，事情該是這樣的：如果有個神師，或什麼人提醒我，從一開始就遠離（犯罪）機會，並且機會來時要迅速離開。如果在那時，魔鬼公然襲擊我，我想我絕不會犯大罪的。可是，魔鬼這麼狡猾詭詐，而我又是這般卑劣。導致我所有的決心給我的益處甚少。」（《自傳》4．9）對於大德蘭而言，她的經驗是一條基本的準則，可以指導我們安全地走在這條路上，在此道路上，當我們沒有某個人來幫助保持警醒的話，總是存在自滿自足或靈性驕傲的危險。

西班牙亞味拉密契大學。

「驚奇天主的偉大美善」

聖女大德蘭給我們講她祈禱方法的同時，也指出了在她身上所覺察到的進步和變化。雖然才剛剛起步，她已開始認識自己，發現自己所有的罪惡，同時也發現天主的容貌。與天主這位朋友不斷的相遇，正在逐漸形成一種溝通式的往來；因為，當友誼開始出現時，意味著要超越所固有的印象和概念，要以「天主原本之所是」去認識祂。

事實上，對「天主是誰」的這個發現，也就是，讓天主顯示祂本來的樣子，這讓大德蘭的生活逐漸擺脫了她一直以來對天主所懷有的偏見。她本人將告訴我們，這條路慢慢揭示給她，直到那時，她還從未認識到的天主：「我時常很驚異地想及天主的偉大美善，我的靈魂歡欣於見到祂那驚人的慷慨大方、大慈大悲。願祂受眾人讚美，因為我清楚地看到，就連在今世，祂不會不酬報每一個美好的渴望的。就像我那可憐和不成全的行為，我的這位上主都加以改善，並使之成全，且賦予價值，而罪惡和過失，祂卻都隱藏起來。至尊陛下甚至允許，使那看到那些罪過的人們視而不見，並從他們的記憶中消除。祂粉飾我的過失；上主親自把德行放入我內，使之閃閃發光，幾乎是勉強我擁有此德行。」（《自傳》4．10）

祈禱帶領我們認識這位親近我們的上主，祂是朋友，是美善的，祂尤其是慷慨的，且慈悲大方。不要認為這些是內容空洞的形容詞，而是親身經歷的果實，就像大德蘭在這裏親自給我們所作的見證。感知生命的方式，及其對個人和他人的影響，使得祈禱成為一個人成熟所必需的內在和外在的轉化過程。

與天主的美善相遇，使大德蘭越來越意識到自己的生活，以及她如何無法協調自己的個人喜好與天主一直對她展現的仁慈。這使得大德蘭的傲氣受挫，以至於她不把自己看作是一個罪人，也就是說，她不必接受自己的真相，所以就輕易地陷入了放棄祈禱的誘惑：「很多次我記得我不敢祈禱，是因為害怕自己可能會覺得冒犯了天主而受嚴厲的懲罰，就像是一個大的處罰。」（《自傳》6．4）

西班牙亞味拉密契大學。

1 —— 大德蘭生活中的祈禱

大德蘭一直在經歷天主的偉大，和她在生活方式上的改變，但是，自我和任由自己隨性而行的傾向，漸漸消弱了她的祈禱。為了不用再面對自己的真相，並一了百了地冒行改變自己的生活風格，她甚至到了要放棄祈禱的地步：「從此，我就這樣消遣腹復消遣，虛榮複虛榮，經歷種種場合，許多次置身於非常嚴重的機會，致使我的靈魂墮落在許多的虛榮中，那時，我羞於藉祈禱中親密交往的特殊友誼，讓自己再回到天主那裏。火上加油的事是，罪惡越多時，我開始失去德行上的喜樂，及我對德行的愛好。我的主，我非常清楚地看到，這些好事遠離了我，是因為我遠離了祢。這是魔鬼在我身上，利用謙虛的偽裝，玩弄的最可怕的騙局，看到自己是這麼迷失，我開始怕祈禱。既然我這麼卑劣，是最糟糕人群中的一個，我最好是走大多數人所走的路，念念本分經，且有口無心，也不和天主有很多的交往，我只配和魔鬼同在，而且我還在欺騙別人，因為外在方面，我還維持著良好的形象。」（《自傳》7・1）既然大德蘭給我們講述這個情況，是要我們預防放棄祈禱的誘惑，或減少祈禱，只為完成任務，「安撫

西班牙亞味拉密契大學。
左側STJ500為慶祝聖女大德蘭誕生五百年。

良心」；因為我們很容易欺騙自己，拿自認為不相配天主這麼大的愛來做藉口，其實，在深處，是我們的自我在作怪，不想看到、更不想接受自己的限度和可憐。

學習接受自己的真實面目

大德蘭確信祈禱在她的生命中是很重要的。實際上，她甚至已經引導她的父親也走上祈禱之路。儘管她自己找藉口，不親自實踐，甚至要全部放棄。但是，她的父親去世之後，在她神師的激勵之下，她又回到祈禱生活，並永不再放棄。

她必須得接受自己的真實生活，這一點在她的祈禱中浮出，就如在明鏡中所見一樣，這對她來說將會是一條艱辛的路：「我正過著極端辛苦的生活，因為在祈禱中，我清楚地明白我的過失。一方面，天主正召喚著我；另一方面，我追隨著世俗。凡是屬於天主的事都會給予我很大的快樂；而世俗卻一直牽繫著我。仿佛我想要協調相反的兩者，——它們是這麼的互相對立——，就像靈修生活敵對感官的快樂、愉悅和消遣。在祈禱中，我有很大的困難，因為我的心靈不像個主人，倒像個奴隸；為此，我無法把自己放在自己之內（這是我在祈禱時的全部做法），反之，我卻把上千個虛榮放進自己之內。就這樣我度過了許多年，現在我很驚奇，自己怎麼受得了這兩者的並存，而不放棄其中的一個。我清楚知道，放棄祈禱已經並不在我手裏，因為祂把我掌握在祂的手裏，祂還想要給我更大的恩惠。」（《自傳》7．17）

顯然，對大德蘭來說那是一段很痛苦、內心深處很緊張的階段。她發現了自己，在對天主交付的渴望、對世物的依戀以及個人的喜好之間的內在分裂。但是，在這裏，天主對大德蘭，以及對所有祈禱者的教育方法也顯示出來：「祢用絕妙的恩寵來處罰我的罪惡。」（《自傳》7．19）祂是懂得耐心等待的一位天主，並永不會放棄顯示祂的大愛。這對大德蘭的「矜傲」來說會是一個傷擊，但也更是天主的慈悲；儘管她是罪人，但天主的仁慈慢慢使她信服：「當我陷入嚴重的過錯，所得到的是恩惠而不是處罰，由於我的性情，讓我加倍感到痛苦。因為我確實認為，只這些恩惠中的一個，就足以使我心慌意亂、慚愧和苦惱，遠超過多病和許多其它的磨難。至於後者，我是罪有應得的，我覺得自己在償還一點兒罪債，雖然所支付的是很微不足道，因為罪債是如此之多。然而，我看見自己再蒙受新恩，而對新恩的回報又如此不足，這對我是一種很可怕的折磨，那些對天主有一定的認識和愛的人，我相信都是這樣的，因為從身邊那些有善良品質的人身上，我們都能夠看到這一點。我知道自己所感受的，這是我痛哭和惱怒自己的理由，我看自己就是這種人，老是處在瀕臨失足的邊緣，雖然我的決心和渴望，——我說的是，在那時——，是堅定的。」（《自傳》7．19）

所有這些祈禱的經驗讓大德蘭慢慢信服，天主的行為是以愛和仁慈為準則的。在更好地認識天主的同時，也學習接受祂的行事方式，——與人的方式截然不同——！大德蘭必須讓她的愛即要真實，也得接受自己的軟弱和罪過。但是，這個真理的浮現，和學會在這個真理中生活，只有在祈禱之路上才是可能的：「由於放棄了這個祈禱的有力支柱，我在狂風暴雨的海中航行，近二十年之久。這些不斷地跌倒，再爬起，——及再次陷入罪惡——，加上度著如此卑劣不成全的生活，我幾乎不太在意小罪。至於大罪，雖然我害怕大罪，卻沒有真的做到怕它們，沒有遠離犯罪的危險。我可以說，這是最痛苦的生活之一，我認為這是沒有人能想像的；因為我既不能享有天主，也找不到世上的快樂。當置身於世俗的享樂中時，我念及自己虧欠於天主的，這讓我悲傷；當我和天主在一起時，對世俗的眷戀，又使我心煩意亂。這是一場如此吃力的戰爭，我不知道自己怎能受得了，哪怕只是一個月，更不用說這麼多年了。」(《自傳》8．2)

「救恩的彼岸」

雖然大德蘭給我們講很多的痛苦，她真正的意圖是說服我們相信祈禱的極大好處，並讓我們明白，她的生活，以及每一個人的生活，都要成為顯示天主仁慈的空間，並引導我們來度真正的生活：「我已詳細地敘述了這一切，如我已經說過的，使人看見天主的仁慈和我的忘恩負義；也要使人明白，對一個樂意準備好自己去修行祈禱的靈魂，天主施予的極大慈惠，即使這些靈魂尚未具備所需要的準備。我詳述這事，也是要使人明瞭，如果在這條路上，魔鬼放上成千的罪過、誘惑和失敗，靈魂處身其間，依然要恆心堅持祈禱。到最後，我確信無疑，上主會拉靈魂到救恩的彼岸。」（《自傳》8・4）

大德蘭在生活中堅信祈禱的真正效力，她祈禱不是為了獲之所求，而是要祈禱者培養成熟性和真實性。因為和這位朋友的友誼相遇，會在祈禱者身上加深對祂的無償回應，而祂總是永不言棄地給予自己。簡而言之，大德蘭對她讀者的真實懇求是：「誰還沒有開始修行祈禱，因著天主的愛，我懇求他，不要失去這麼極大的好處……，祂絕不會不賞報視祂為朋友的人。」（《自傳》8・5）大德蘭已經經驗到，她健康的來源—無論是身體的還是精神的，就是和天主的友誼：「是的，一切生命的主宰！祢不會致死任何信賴祢、又渴望做祢朋友的人；而是予以更多的健康，好維持他們身體和靈魂的生命。」（《自傳》8．6）今天，所有致力於健康的科學研究都認為大德蘭說的有道理。

大德蘭的祈禱之路到達頂點，是在，當她以決定性的方式，打開雙眼，認識到和天主的友誼關係所表明的真正含義的時候。這在所稱的「大德蘭的皈依」之時可以看出，當時她已經四十歲左右：「我的靈魂感到疲憊，雖然想休息，可我的卑劣習慣卻不允許靈魂休息。事情是這樣發生在我身上的，有一天，當我進入小經堂時，看到一尊聖像，是借來供修院慶祝某個節日用的。聖像展現出遍體鱗傷的基督，我很虔誠地注視著聖像，看到祂那個模樣，我萬分痛心，因為聖像活生生地展現出基督為我們所受的痛苦。我深深地感到，對這些聖傷，我對祂的感恩是多麼的不足，我覺得我的心要碎了，我撲倒在祂足前，流淚如注，懇求祂給我勇力，使我永不再得罪祂。」（《自傳》9．1）

上述這個事件表面，大德蘭完全地接受天主的偉大真理：天主因著愛，為她獻出了自己的生命；同時她也接受自己的真相：做了那麼多人為的工作、祈禱、敬禮、克苦……，還是沒能夠回應那份無償的愛。這個內心的意識是一個基礎，也是在這個基礎之上，大德蘭開始建立她的「新生活」——一個堅決奉獻和決心祈禱的新生活——並讓上主轉變她，讓天主做她生命的主人公：「因為我已經非常地不信任我自己，而是全然地信賴天主。」（《自傳》9・3）

當然了，大德蘭的祈禱之路並沒有到此為止。而是，現在她才真正地開始了這個旅程，因為她已經意識到天主對她的愛是完全無償的。從現在開始，她的任務是要開始「成為愛情的婢女」。這將是祈禱的豐碩成果和效果，也是追隨基督真正的道路。

2

學習祈禱，
學習去愛

如果我們想明白祈禱在大德蘭思想中的含義，那麼我們必須首先要明瞭，對大德蘭來說，何為祈禱？為定義祈禱，最好的辦法是借助大德蘭自己的話，在她的《自傳》裏，為我們提供了最經典、最著名的定義。我們將這個定義連同其上下文一起重現給大家：

「誰還沒有開始修行祈禱，為了天主的愛，我懇求他，不要失去這麼大的好事。這裏面沒有什麼好怕的，只有讓人渴慕的。即使人沒有突飛猛進，或非常努力地達到相當的成全，使之堪受天主賜予更慷慨的恩惠和仁慈，至少一個人能獲知通往天堂的路。而如果他恆心堅持，我相信天主的仁慈，祂絕不會不賞報視祂為朋友的人。至於心禱，按我的見解，不是別的，而是，和那位，我們知道愛我們的天主，像朋友一樣交往，常常，親密獨處。如果你尚未愛祂（因為為了使愛真實，讓友誼長久，必須得情投意合：在天主方面，我們知道祂是不會錯誤的，而我們的本性卻是多瑕疵、感性和忘恩負義的），如同祂愛你一樣，因為你沒有達到翕合祂旨意的程度；你看到擁有祂的友誼是多麼有益於你，及祂多麼的愛你；所以，你要花些時間來克服這個困難，和與你非常不同的這位在一起。」（《自傳》8．5）

大德蘭在本段開始強調，我們不是面對一個只是和基督徒生活某個特定習慣有關的問題，而是面對一個必不可少的幸福，恰好正是「通向天國之路」，或者說，在世界就可以生活和享受天堂的道路。天主給予我們一個可能，那就是，我們能夠稱祂為朋友，就像福音作者聖若望所說的：「好成為天主的子女。」（《若望福音》一章12節）我們的聖女認為，最重要的是要意識到什麼是要緊的，什麼是所提供給我們的。如果我們以此作為出發點，這將是一個十足的動力，激勵我們開始走這條路，不要灰心喪氣。

現在我們來強調大德蘭對祈禱的定義的中心內容。這將有助於我們更好地理解在我們內建立和加強與天主真正友誼的空間的所有含義。也可以提醒我們在談論和實踐祈禱時克服簡化主義。將祈禱化為儀式、或限定在生活中的特定時刻的這種誘惑是非常嚴重的。大德蘭試圖說服我們，祈禱不是一個簡單的操練，而是一種生活的方式，是具有耶穌門徒特徵的生活方式。

「像朋友一樣交往」

將祈禱定義為「交往」，首先，這意味著，在談論的是一份關係。我們經常習慣性的使祈禱成為單行道，通過這條單方向的路，人向天主講話或注視祂。主體祈禱者成了主角，而天主成了被動的旁觀者，如果做得好的話，祂才接納、聆聽。當大德蘭給我們提出祈禱是交往時，與這種文化觀念背道而馳，將之轉變為一種動態的關係，在這份關係中，天主和人都是主體，彼此都是主動的對話者。

從這個意義上說，祈禱首先是我與祢的相遇。雙方都參與這份關係。就像所有的友誼關係那樣，會分享生活，憂慮、想法，等等。

這是一條自我交付和接納對方的道路。在友誼中，每個人都是主角，是一樣的，兩者之間需要無條件的信任。

這就意味著要從「天主之所是」來接受天主：這是一個無窮的奧祕，面對這奧祕我們必須始終要保持開放的態度。同時，也要接受天

主的做事方式。總之，這意味著，祈禱會引導人，接受、認同並與天父的旨意相一致。

交往是一個互相交付的承諾。我以天主原本的樣子、無條件的、因著愛，接納祂的同時，也在我真實的存在中，不戴面具、以我本來所是的樣子，交付我自己。

另一方面，友誼只有在相同之間才有可能。人與天主之間的差別可以說是一個不可逾越的現實，甚至就像大德蘭所提及的經驗，在天主和人之間有著巨大的差異。但是，大德蘭通過祈禱之路將帶領我們明白，這個距離不是不可超越的，不因為人的限度，而是因著天主無限的愛，天主按照祂的肖像和模樣創造了我們。這恰恰是為了讓我們能夠達到與天主愛的合一目標。

實際上，在大德蘭為我們提出的祈禱之路上，就像她自己所經歷過的一樣，在我們概念中的那個神聖超然的天主，其實是一位親密而又個人化的天主。祂是如此的親近，與我們猶如一身，因為祂就「居住在靈魂的中心」。（《自傳》40．6；《全德》28．2，11；《城堡》1．1．1）

天主在人內的臨在，奠定了基礎，使人有可能與祂建立關係。要達到祂，只有一條可行之路，只有一扇「門「可以使我們進入到那最深之處，這扇門就是：祈禱。

「常常」

大德蘭在她對祈禱的定義中給我們提供的其它要素，不是別的，就是友誼交往的結果。所有真正的友誼都需要得到呵護，需要相處的空間，需要持續性，並且需要在認識到另一位對我來說意味著什麼、以及我對對方來說意味著什麼的意識中成長。

以「常常」來表達，給我們強調了時間上的連續性和持久性的需要。在生活中，我們交朋友的經驗是非常不同的。一些友誼隨著時間的流逝很快冷卻或消失，另一些卻得到加強，並慢慢變作生命的路標。能夠分享時間、抱負、計畫和需求；知道有朋友在關心你，隨時可以求助；在整個生命中經歷著朋友的臨在，尤其是在需要的時候……，這些都是定義友誼意味著什麼所包含的要素。

這是大德蘭與天主的經驗。在與祂的日常交往中，她慢慢發現，天主是一位真正的朋友，因為祂一直在她身邊，天主懂她，以她本來的樣子接納她，並且一直準備原諒她、幫助她……，這一切都不是概念，而是生活經驗的結果，也是我們每個人都被邀請要度的生活。但是，經驗是來自相遇，來自奉獻，知道如何保留時間與這位朋友相遇。

就這樣，我們在大德蘭的個人歷史中發現了以上這些。在她的生命中，她曾走過一段很長的彎路：她開始祈禱，但卻沒有完全堅持下來，並且任由自己遠離與主的相遇，甚至在生命中的某個階段，完全放棄了祈禱。只有當她「堅決地下定決心」[9]，永遠再不放棄祈禱（參閱：《全德》20・2－3；21・1）的時候，她才開始體驗到她人生中巨大的變化和轉變[10]。

所以，持續性，對想要度祈禱生活的人來說，成了必要的諸多德行之一；因為祈禱不僅僅是履行一個儀式，而是要進入和天主的友誼之路，這是一條以兒女的身份來生活的道路，這個身份也不只是說說

---

9. 這是大德蘭很著名的一個表達，原文是：*la determinada determinación*，以形容詞和名詞的形式，連續兩次重複來表達決心的重要性。

10. 這裏看似重複，其實是為了表達外在生活的變化和內在生命的轉變。原文是：*los grandes cambios y transformaciones*。

而已，或僅僅知道是「天主的兒女」，而是要在耶穌的邀請下，和天主建立像父親般的關係。

「常常」也提示我們要有恆心和毅力。友誼之路和祈禱之路一樣，並非總是那麼簡單。困難、問題和障礙也形成生活本身的一部分。有時候，同樣的心態可能會處於停滯狀態。這就是為什麼有必要保持堅定、永不言敗的志向。只有當一個人準備接受沿途可能出現的所有問題或困難時，才有建立真正友誼的可能性。這是愛的基本要求。

但是，大德蘭也警告我們，恆心不等同於必須不斷地強迫自己。愛也需要柔和，因此，也得接受條件因素和自身的限度。正如愛是不能強迫的一樣，要努力培養以愛為中心價值的祈禱，不能簡單地以強求來獲得。

「親密獨處」

在友誼關係中，另一個必要條件是親密空間。這不是從外部強加的，而是所有深度關係中的內在要求。

當越在愛內成長時，為了生活這份越來越真實的愛，尋找這些空間的需求也就越來越強烈。這是大德蘭在心中常常渴求的哀懇：獨處。

但是，獨處不是隻身孤影，而是與天主在一起。獨處是和天主相遇之地，是親密關係、分享祕密的空間。也是在這裏，人能夠在心愛者面前做真實的自己。這是共同關係的空間，是最深的共融。

實際上，大德蘭所指的獨處並不能以空間或身體的孤獨來識別，而是一個完全而真實的獨處需要。只會在角落裏表達愛的情人們是很不好的。愛是要生活出來的，要「活在各種場合中」。

大德蘭給我們談到的獨處，是密契學家們歷來所追求的一種價值，這是一種內在態度，讓人能夠生活在愛的關係中；這是一個旨在培養準備內心，好能生活於合一與自我交付中的獨處；或者說，是精神上真正的自由，實際上，也是這種自由，才能使人在獨處中和天主的相遇成為可能。

在這裏，我們發現了大德蘭在祈禱之路上所發掘的另一個豐碩成果和價值：就是真正的自由。一顆愛的心，是一顆從阻礙自己交付的一切中解放出來的心。而且，一般來說，不是指外在超脫的需要（榮譽、財產、感情、喜好等等），而更是那些能夠束縛人，為了自己的利益，使其為奴的內在經歷：自私、驕傲、自愛等等，在這種獨處，——自由心靈的獨處中，將引導我們走向真正的祈禱生活。

這樣，和大德蘭一起，我們發現祈禱之路是一條雙重意義上的真正的自由之路：首先，是在刻苦的意義上，祈禱者必須從在時間和空間上妨礙他的一切中「解放自己」，好能隱退與天主獨處；其次，作為恩惠，也就是說，在祈禱中，天主會慢慢讓人自由，把人從阻止他獲得真正自由的一切中解救出來。

獨處和自由在大德蘭身上相逢。因為要使愛更真實，就必須讓愛從一個越來越自由、越來越慷慨交付的意志中浮出，這在與天主建立友誼上是可能的。大德蘭將會給予見證。

「和那位，我們知道愛我們的天主」

以這個確定的表達，大德蘭採用、並從經驗的角度重述了耶穌的愛徒——聖若望宗徒，在他的第一封書信中所提出的：「天主先愛了我們。」（《若望一書》四章19節）而這個愛就是泉源，它流入我們內，使我們有能力去愛。所以說，「那愛的，也認識天主」。（參閱：《若望一書》四章8節）

我們在祈禱和追隨耶穌的道路上的另一個錯誤是我們容易忘記這一面。我們常常在「我必須，我應該……」的基礎上回應天主，也就是說，靠自己的能力和力量。這樣便成了，是我，必須要去祈禱；是我，得要去愛天主，是我……，在不知不覺中，我們的這個「我」就成了真正的主角。

經過多年的奮鬥之後，大德蘭的偉大發現之一就是意識到，首要的和基本步驟必須是發現天主的仁慈。或者換一種說法，發現自己被天主所愛，這是真正信仰生活最必需和最主要的內容。教宗本篤十六世在其通諭《在真理中實踐愛德》第八號寫到：「天主先愛了我們，這個源自於天主之愛的真理已得到宣講和實踐，這真理打開我們的生命，促使我們接受這份愛，因而能夠發展全人類，併發展每一個人。」

對大德蘭，我們的這位聖女來說，這是讓祈禱能成為友誼交往的首要理由。也就是說，只有當人開始意識到自己的真相和天主的真理（人的罪惡和天主的仁慈）時，他才能夠領會到天主愛他。這是大德蘭在介紹她的自傳中想要給我們闡明的：我們必須得睜開雙眼，看到天主在我們的存在和我們的生命中所顯示的仁慈。只有在經歷被愛的時候，我們才知道天主是誰，並「被祂的愛所觸碰」，我們將進入祈禱之路，深入一條希望繼續成長和成熟的友誼之路。

在實踐中也可能會出現以下問題：如何來發現天主對我的愛？如果覺得這個問題很難，可以首先問自己，我如何發現某個人（我的父親，母親，朋友……）愛我？當然，僅僅在概念上認識天主的愛是不夠的。當人們告訴一個孩子，他有一個非常愛他的父親，但是，如果這個孩子從來沒有見過他，從來沒有和父親有過任何關係，甚至連他的溫柔和親密也從未感覺過，更從未有過他的關心……，那麼，人們說的那個父愛，對這個孩子的作用很小，甚至毫無用處。同樣，如果僅僅知道天主是我們的父親，而沒有打開我們自己，來生活這份關係所包含、所具有的意義的話，那對我們基督徒來說，也不會有很多、甚或沒有任何作用。

大德蘭不厭其煩地強調這一點，因為她發現這是一切的原則和基礎。我們經驗天主之愛的途徑和方式，就是祈禱之路。瞭解我們心理的大德蘭，邀請我們打開這扇門。僅僅求天主賜予我們，是不夠的，我們必須走出來，和祂相遇，好不停地接受祂賜給我們的恩惠：「我只說祈禱是獲得恩惠之門，所得的恩惠，就像祂賜給我的那樣崇高。

如果這扇門關閉起來，我不知道祂將怎樣來賜下恩惠？因為即使祂渴望進來，喜歡在一個靈魂內且加以恩待，祂也不得其門而入，因為祂希望靈魂是孤單的、潔淨的，並且渴望蒙受祂的恩寵。如果我們在祂的道路上放許多障礙物，又不做半點兒事來移除障礙，祂怎能走近我們呢？而我們還竟渴望天主賜給我們大恩大惠呢！」（《自傳》8．9）

大德蘭首創的以友誼為關鍵的祈禱，指向了耶穌基督對祈禱定義的實質。耶穌經常隱退，獨自向天父祈禱；大德蘭的經歷與此相吻合：在完全的信賴和愛中與天父的相遇。

真正的祈禱

在大德蘭作品的原文裏，我們引用一個術語，當她定義祈禱時說到「心禱」[11]，似乎她在給祈禱分類。如果我們只是簡單地停留在通常對祈禱的方式或形式的區分上，有可能會認為，大德蘭所說的一

11. 譯按，為方便讀者，這裏我們重新摘出大德蘭對祈禱的定義：至於心禱，按我的見解，不是別的，而是，和那位，我們知道愛我們的天主，像朋友一樣交往，常常，親密獨處。（《自傳》8．5）編按，此處翻譯用字和《聖女大德蘭自傳》星火文化版意義相符，但用字略有出入。

切，是指我們習慣所說的心禱或默想。

如果不進一步研究大德蘭的論述，我們可能會得出那樣的結論，大德蘭著作的許多研究者和讀者都做了如此的解釋。但是，如果深入研究此主題，我們會發現，大德蘭雖然區分祈禱不同的類型和方式，但對她來說，無論是口禱、心禱、默觀……，其實只存在一種真正的祈禱方式。面對在她那個時代所引發的爭論，說實踐心禱是危險的，尤其對女性而言，她回答說：「基督徒啊！你們說心禱沒有必要，這是什麼？你們懂嗎？的確，我認為你們不明白，所以才會要我們也跟著犯錯誤：你們不知道什麼是心禱，不知道應該怎樣做口禱，也不知道何為默觀；要是你們明瞭這些，就不會一方面責備，另一方面又讚美。」（《全德》22．2）

並且，她的論點是非常清晰的：「女兒們，要知道，是否做心禱，並不在於嘴巴有沒有閉上。如果口禱時，我完全明白自己是在和天主交談，而且清楚地意識到，我存想天主超過存想所說的言詞，那麼心禱和口禱就合一了。除非有人對你們說，當你們誦念〈天主經〉

時，又同時想著世俗，你們是在和天主談話，那我就無話可說了。但是，如果你們是要和如此尊貴的上主交談，你們得看看，你們談話的對象是誰，自己又是誰，這麼做才算是合理的，是很好的，至少能使你們的言談顯得有教養。如果不清楚對方和自己的身份，你們怎能稱呼國王為『殿下』？又怎知道和一位大人物談話當守的禮儀呢？因為這樣的規矩是必須遵守的，也要合乎禮俗，——因為這是你們必須知道的。要不然，你們會由於像個呆瓜而被遣走，什麼事也辦不成。我的主啊，這怎麼可以呢？我的帝王，這怎麼可以呢？這怎麼忍受得了？我的天主，祢是永無終窮的國王，祢的王國永屬於祢。每當念到信經中『祂的神國萬世無疆』時，我幾乎總是特別的愉悅。上主，我稱揚祢，我永遠讚美祢；總之，祢的神國將永世長存。所以，但願祢，上主，不要允許任何想和祢談話的人，認為只用口舌就好了。」

（《全德》22・1）

所以，對大德蘭來說，無論是哪個類型的祈禱，有意識的祈禱才是真正的祈禱：「就我所能瞭解的，進入這座城堡的門是祈禱和深思細想。我不是說心禱優於口禱，因為只要是祈禱，就應該有思想相隨。因為，如果祈禱時，一個人沒有留意他正在和誰說話，在祈求什麼，是誰在求，向誰求，沒留意他所面對著的是誰，無論他的嘴唇擺動多少，我不稱它為祈禱。不過有時會是這樣，雖然沒有留意這事，但他在別的時候已先想過了。雖然如此，凡習慣在天主尊威臺前說話，如同對著一個奴隸，也不看看他說的是否妥當，無論腦袋冒出來什麼，或之前有時聽說而學來的什麼，開口就講，我不認為這是祈禱。但願天主助佑，不要使基督徒的祈禱是這樣子的。」（《城堡》1・1・7）這對任何模式的祈禱都是適用的：「如果我們開始念日課或玫瑰經時，我們先細想想，將和誰談話，也要想想，是誰要講話，好能明白如何應對，這樣做，有誰能說不好呢？」（《全德》22・3）

那麼，大德蘭式的福音化祈禱的特徵，我們可以概括三點，陳述如下：

①知道所講的內容
②在向誰講話
③是誰在講話

實際上，這是關於人和人之間真實的關係，是愛情、友誼、或親子關係的本質。在很大程度上，它們也表現在耶穌的祈禱模式上，以及在福音中祂親自傳達給我們的教導中：「你們祈禱時，不要嘮嘮叨叨，如同外邦人一樣，因為他們以為只要多言，便可獲得垂允。你們不要跟他們一樣，因為你們的父，在你們求祂以前，已知道你們需要什麼。所以，你們應當這樣祈禱：我們的天父……。」（《瑪竇福音》六章7－9節）祂邀請我們不要「嘮叨」，這意味著祂很清楚我們要說的話；祂邀請我們向天主講話要像和父親一樣，這是邀請我們要意識到是在和誰說話。

在這三個賦予祈禱真實性的本質上，大德蘭奠定了這條道路的基礎，這是我們要通過祈禱所走的道路。在這條路上，我們會逐步地對天主和對自己有更多的認識，也會以友誼關係為關鍵、而非以禮儀形式為重點來生活祈禱。

愛的實踐

此外，大德蘭不錯失良機地強調，在祈禱生活中我們能夠和應該善用的事情。不是在說要花多少時間、領受了多少、以及恩寵或經驗多少的問題，而是要在愛中多練習。這才是帶給我們真正益處之所在，因為在每天具體的實際生活中實踐、生活愛，才會讓我們更深入天主無償所賜的恩寵：「為了在此路上有長足的進步，及登上我們所想望的那些住所，我只願你們留意：重要的不是想得多，而是愛得多[12]；凡是越能喚起你們去愛的事，你們要去做。或許我們不知道什麼是愛，我不會感到非常驚奇的，因為愛不在於濃厚的歡愉，卻在於懷著堅強的決心，渴望在一切事上悅樂天主；要盡我們的全力，不得罪天主，祈求祂，願祂聖子的榮耀和光榮永世長存，天主的教會廣揚。

12. 這是大德蘭的經典名言之一，在《建院記》也有類似的表達：靈魂的進步不在於想得多，而在於愛得多。（《建院》5・2）

這些才是愛的標記，你們可不要以為愛是在於不想別的事，或者以為，如果稍有分心，便一切都白做了。」(《城堡》4．1．7)

大德蘭所教的重點再次顯而易見：功德在於愛，在於愛內的實踐操練。因為付諸於行動中的愛，才是我們在祈禱之路上正在成長的最好證明。相信天主是渴望在一切事上取悅祂：不是爭論，不是偉大的思想，也不是強烈的感覺。對天主的愛應該始終是伴隨著對近人之愛的實踐。

當大德蘭帶我們進入密契祈禱時，她不希望我們忽視這樣一個事實：鑑定祈禱的不是現象[13]本身，並且完美的祈禱或祈禱上的進步並不在於有非凡的密契經驗。對天主愛的經驗才是真正的經驗，因為是它培養了人愛的最大能力：「對此[14]，我的回答是，且沒有比我指出的更好的辦法了，那就是，不要設法力求，其理由如下：第一，因為最重要的是，我們應該愛天主，而不圖謀私利；第二，因為單憑我們可憐兮兮的服事，就認為應該得到那麼大的恩惠，這是有點兒缺少謙虛；第三，因為得到這些恩惠的真正準備，在於渴望受苦和師法主

---

13. 指祈禱中的神祕現象。

14. 這個主題的語境是：大德蘭在給她的修女們講祈禱中天主所賜給靈魂的神慰。為使內容連貫易懂，這裏摘錄此段的首句：你們會問我，這樣的話，不努力尋求，如何獲得呢？

基督，而不在於享受神味，畢竟我們都曾冒犯了祂；第四，因為至尊陛下並不是非給我們不可，如同我們遵守祂的誡命，祂要賜給我們光榮那樣，沒有這些恩惠，我們可以得救，祂比我們更知道什麼適合我們，也知道我們中誰更愛祂。事情確實是這樣，我知道。我認識某些人，他們行走在愛的道路上，視為理當如此，他們只是為了服事被釘的基督；他們不只不向祂尋求享受神味，也不渴望，甚至祈求祂不要在今世賜給這些恩惠。這是真實的。第五，我們會徒勞無功，因為這水的到來，不必經過水管，如同前面的水那樣[15]，如果水源不願冒出水來，我們的辛勞也得不到什麼。我想說的是，儘管我們修行更多的默想，更努力克己，甚或流淚，這水也不會因此而來到，這水只給予天主願意給的人，而且往往是在靈魂最沒有想到的時候。」（《城堡》4・2・9）

大德蘭的話擊中了要點，我們慢慢發現，唯一符合天主之愛的方式是無償的賜予。當在祈禱的道路上發現一切都是祂白白給於我們的，發現天主是無限的寬宏大量，這將改變人本身的生命，讓人也變

15. 在《靈心城堡》這一章的前一部分，聖女大德蘭用兩種水源的比喻講解靈魂領受恩賜的不同方法，所以會提到「水管」、「前面的水」等用語。詳見原文。

得慷慨大方。這就是為什麼說，真正的祈禱，要從愛的無償和慷慨中活出來的，這種愛也讓人渴望向天主交付奉獻一切：「真的，我認為，這些渴望也是超性的，且來自非常深情的靈魂，她們[16]渴望顯示給上主，她們不是為了報酬而服事祂。所以，如我所說過的，她們也不會掛記著，由於所做的什麼事，一定會受光榮，以這想法來鼓舞自己，更為這個目的而服事；她們只是以愛為滿足，這是愛的自然行動，總有成千種的方式。如果能夠，愛渴望尋求創作，為使靈魂在祂內耗盡；如果需要為了天主的更大的光榮而永遠消滅自己，愛也會懷著非常熱切的渴望去做。」（《城堡》6・9・18）

這份無償的愛，是人在祈禱實踐中對自己和對天主的認識之路的結果。那麼，也就不奇怪大德蘭對我們所說的了，祈禱的人將以真理、謙虛和樸實的生活為特徵：「修女們，我們由此可知，為了和我們的天主與淨配多少相一致些，我們要學習經常不斷地行走在這個真理內，這是很好的。我說的不只是我們不要說謊，關於這點，光榮歸於天主，我已經看出來，在這些修院中，你們極其留意，不為任何事

16. 西班牙語的名詞分陰性陽性，靈魂屬於陰性名詞，所以這裏選用「她們」。

說謊；我說的是，我們要盡可能以各種方式，在天主和人面前，行走於真理中，尤其是，不希望別人過分看好我們，超過真實的我們，在我們的工作中，要把天主的歸於天主，我們的歸於我們，努力在一切中獲取真理，這樣，我們就會看輕這個世界，那全然是謊言和虛偽，因此不會久存。」（《城堡》6．10．6）這是那個稅吏，在他謙卑祈禱中的態度，當他回到家後，被天主因此稱為義人。（參閱：《路加福音》十八章9－14節）

3

德蘭式祈禱的實踐：收心

到目前為止，我們一直在介紹大德蘭的祈禱之路，以及她對真正的祈禱在生命中之含義的理解。儘管在所講過的內容中，已經提出一些實踐性的教導，但我們仍然需要深入研究，如何將此祈禱計畫付諸實行。

如果要以某種方式來表達能使祈禱得以實現的條件，那就是「收心」。收心一詞看似簡短，但在大德蘭的辭彙裏，卻有著非常豐富的含義，可能這裏我們無法完全領會所包含的內容（參閱：《全德》26－29）。在大德蘭所講的「收心」中，我們可以分為兩種行動或技巧，能夠幫助練習祈禱並將其付諸實踐。就像人類所有的行動一樣，這是需要學習的，也就是說，需要時間和操練。我們所面對的不是一個「大腦空虛」、抽象或內省的複雜行為。我們不要忘記，德蘭式祈禱的目標是向一份友誼的關係打開我們自己。其實，一份友誼關係中要求的所有條件，在祈禱中我們都將會遇到。

簡單來說，在這個過程中，為實現真正的目標，——專注於自己的內在，好增強天主臨在的意識，大德蘭邀請我們進行兩個具體的練習：

—讓基督臨在於我們的祈禱中（《全德》26．1）；

—嚴格意義上的收心（《全德》28－29），「進入自己的內心」（《全德》28．4），將我們從外在世界的束縛中釋放出來，每個人回到自己之內。

現在我們先來瞭解有關收心祈禱的要求和含義，好準備實際的操作。

讓基督臨在

大德蘭給我們提出的這個練習是一個非常簡單的行動，實際上，這個練習是我們信德的結果，我們確信，耶穌總是在我們身邊，與我們同行（「我們生活、行動、存在，都在祂內」[17]），並且，天主就住在我們之內。這涉及到一個信德的行為，是進入一個不可見的現實

17. 《宗徒大事錄》十七章28節。

中。如果耶穌與我們同行，既然我知道祂就在我身邊，為什麼我不與祂同行呢？「你們不要忽略這麼好的一位朋友」，這一定會是大德蘭的邀請。

這個練習的方式非常簡單：讓我意識到祂真的、確實就在我身邊。這就是大德蘭在祈禱中很好用的方法：「這是我當時使用的祈禱方法：由於我不能用理智來做推理思考，我就設法在我心內想像基督，想像祂處在，我覺得比較孤獨的場景。按我的看法，這樣做帶給我很大的益處。我覺得，就像有需要的人，孤單又痛苦，祂必會允許我。我有很多像這樣的單純想法。尤其是祂在山園祈禱的情景，對我來說很特別。在那裏，我努力作祂的陪伴者。如果可以，我想像祂在那裏流的汗和至極的痛苦。我渴望幫祂擦去這麼痛苦的汗水。不過回想起來，我從不敢這樣做，因為我的罪，在我看來是很嚴重的。只要我的思想容許，我一直陪伴著祂，因為很多分心走意折磨著我。許多年來，大部分的夜晚，在睡覺前，當我把自己交托給天主，預備就寢時，我常常思想一下山園祈禱的這一幕。還沒有當修女以前，我就已經這麼做了，因為有人告訴我，這樣做會得到許多的赦免。我相信，由於這個習慣，我的靈魂得到許多的寬恕，因為當我還不知道祈禱是什麼的時候，我就開始練習祈禱了，這個習慣如此持續不斷，讓我一直都沒有放棄，就像我臨睡前，從來沒有不劃十字聖號的。」（《自傳》9．4）

聖女大德蘭以她使用的方法，給我們提供了很好的範例，告訴我們如何慢慢地培養對這份臨在的意識，直到最終成為一個習慣。

有時這種練習可能會很困難，但大德蘭向我們保證，如果我們堅持對祂這份親臨的自覺意識，不管我們會分心或開始時覺得困難，終將會成為一種習慣性的臨在。大德蘭鼓勵我們：「修女們哪，你們中若有人無法多做理智的推理，也避免不了分心，你們要習慣，一定要習慣（對天主臨在的意識）！看，我知道你們能做到這事，因為我好多年忍受這個磨難，思想無法集中在一件事上，這是個很大的磨難。然而我知道，上主不會把我們遺留在如此的孤獨中，以至於，如果我們謙虛地為這事祈求，祂不會不陪伴我們的。如果一年之內我們還做不到，那就再多幾年。不要後悔把時間耗費在這麼美好的事上。有誰催促我們趕快呢？我要說的是：是能夠習慣於此的，努力行走在這位真正老師的身旁。」（《全德》26．2）

這個簡單的行動，持之以恆地堅持下來，確保了祈禱者在開始建立關係上一個主要因素的培養：我們的對話者的持續臨在。大德蘭在這裏為我們進一步簡化了這條路。這不是用思想來做很大的苦心鑽研，而是簡單地向這份愛的臨在開放，祂永不間斷地注視著我們。進入這個練習，其實很簡單，就是回應祂的目光：「現在我不要求你們思想祂，或獲取許多的概念，或用你們的理智，做偉大又巧妙的省思；我要求你們的，就是注視祂。那麼，誰能轉移你們靈魂的雙眼，不看這位上主呢？要是做不到，即使是一下子也好！既然你們能看非常醜陋的東西，難道就不能注視最美麗的事物嗎？這是人所能想像到的最美麗的了。女兒們，你們淨配的雙眼卻從不離開你們。祂已忍受成千上萬次反對祂的醜陋又可惡的事，而這些都沒有使祂不看你們。而讓你們轉移眼目，不再看這些外在的事物，偶爾也注視一下祂，這算過分嗎？請看，除了要我們注視祂，祂不期待別的，誠如祂向新娘所說的[18]。你們怎樣渴望祂，也會怎樣找到祂。祂是那麼看重我們轉回身來注視祂，而祂那方絕不會疏於回應。」（《全德》26．3）

從注視到同心合意，這是大德蘭給我們所建議的下一步。人需要進行自我培育並習慣於耶穌的臨在。從那裏開始，人會慢慢被引入一種常態，就是，認識到基督是人生命中真正的伴侶。大德蘭還邀請我們在這個練習中，調諧我們的感受，使之與基督的感受一致：「如果你們遇有磨難，或悲傷時，請看走在山園路上的祂：祂的靈魂承受多麼大的折磨，因為祂已成為痛苦本身，祂述說並哀歎這事！或，請你們看祂被綁在柱子上，滿身疼痛，為了深愛你們，祂已經遍體鱗傷；這麼多的折磨，有人迫害祂，有人向祂吐唾沫，祂的朋友否認祂，又被他們拋棄，沒有一個人為祂挺身而出，祂受冷受凍，置身於如此的孤獨中，你們能夠因此而互相安慰一下。或，請你們看背負十字架的祂，人們甚至不許祂喘口氣兒。而祂會以這麼美麗、慈愛、淚水滿盈的雙目注視你們，只因為你們前去向祂求安慰，並且回頭看祂。」

18. 參閱：《雅歌》二章 14 節。

（《全德》26．5）其實，就是利用我們人的所有能力：理智，感情，記憶力，想像力等等，來加強我們對祂臨在的意識。

同樣，我們應該閱讀並理解，當大德蘭堅持將我們的靈魂構想成「我們的城堡「時，是在說，那是天主居住的地方，並且永遠臨在。培養並信賴這個真理，會引導我們的步伐通往內在化的道路。此外，只有通過祈禱我們才可以發現，天主在每個人內心深處臨在的這份恩賜和奧祕，把天主對我無以數計的愛彰顯出來。雖然我很渺小，但這份愛卻讓我自由，使我振作。所以，這也就是為什麼不難找到像德國神學家于爾根．莫特曼（Jürgen Moltmann）[19]那樣確定的說法：「人類自由的崇高形式莫過於和天主的友誼。」

祈禱者是「天主的居所」，面對這一發現，天主愛我如此之深的經驗強力浮現出來。祂在我內的臨在不受我的行為、我的功勞或罪過的限制。這份臨在完全基於祂對我無限的愛。在祈禱中思慮這一點，走向祂所居住的內心之處，在祂具體的、無邊際之愛的凝視下，會幫助我發現自己。更重要的是，要想到：「我們的內心不是空的」，儘

19. 德國知名改革宗神學家，因其「盼望神學」知名。

管一開始可能經驗不到什麼，但慢慢會喚醒我對天主的意識，祂對我的信任不會停止，儘管我滿身錯誤不堪，墮落或不忠實，祂會繼續等我。這是一個深不可測的奧祕，但有了祈禱之路，我們也就可以達到。祂的臨在不取決於我：這是天主已經許諾給祂所鍾愛的受造物——人類的一份恩賜。（參閱：《城堡》1・1－2）

所有這一切都有助於我們理解大德蘭所堅持的：「我們不要忽略這麼好的事。」

收斂心神是發現自己的內心

嚴格意義來說，在意識到天主臨在的同時，也逐漸形成了更強的收斂心神的能力，也可以被視為是，在重要之事上幫助集中注意力的練習或技巧。收斂心神的行為本身是為了使感官集中，能夠從日常的忙碌中脫身，並使身心保持平靜，好專注於祂的臨在。

收斂心神本身不是目的，它旨在幫助人們意識自己的內心，盡可能地專注自己的內心生活。這將是開始意識到自己，讓自己擺脫，——哪怕只是幾分鐘——，所有會使我們遠離自己內心的一切。用大德蘭的話來說，收斂心神是來準備我們進入內心城堡的思想和精神態度，讓我們遠離那些把我們困在外面的害蟲：憂慮和忙碌、緊張、感覺和各種思想等等。

這個概念是基於大德蘭對人的積極觀點，這種觀點發現了：在每個人的內心，除了是天主的居所外，也是一個巨大的財富。

這是聖女大德蘭寫其核心作品《靈心城堡》的出發點，也是基於這個出發點，她希望幫助我們意識到，這才是我們的真實狀況，遠遠超出那些讓我們無法瞭解自己真實身份的膚淺層面或面具。

收斂心神，保持靜默，好能與自己相遇，為今天的我們來說確實是很費力。大德蘭意識到了這一點，尤其意識到了使我們難以實現這條道路的障礙：要麼認為自己沒什麼可需要發現的（對我真正內在的無知），要麼害怕發現我自己，因為不想做真正的自己；也就是說，和真實的自己相遇，要面對自身的貧乏和限度，是要承擔風險的。其實，在今天很多方面都指出，自我認識和對自己的接納，對人的成長和發展是健康的。

為了克服這兩個障礙，大德蘭在她的《靈心城堡》一作之始，就揭示了巨大的祕密，當我們決定閉上雙眼，收斂心神，進入內心時，所浮現出的「鑽石或晶瑩剔透的城堡」似乎是一個挑戰和冒險，也就是說，這不僅是對人本身的積極看法，而且讓每個人在自己內感到鼓舞。

面對人生無意的風險，大德蘭邀請我們走上一條強調人的獨特價值之路，這價值在每個人之內都能找到，且賦予人生真正的意義。我們的價值不在於我們做了什麼，也不在於從外在我們所能得到的認可。我之所是的意義和寶藏是通過我的內在來顯示的。收斂心神就是開始探索自己作為具有無限價值和尊嚴的存在的旅程。

因此，人的內在性，除了是建立真正關係的空間外，也是培養面對社會、面對世界，在他人、在天主面前，做自己及自我定位的能力。也就是這個內在的、有意識的自我定位，將我自己和對自我的認可投射於外。因為一份真正的關係源於我存在的真實，而不是來自裝飾過的面具。這就是為什麼大德蘭在她的內心，以及在每個人的內心，發現了這個通向圓滿、幸福的堅實平臺。一個人不僅要接受自己，更要有能力愛自己，這樣才可以達到生命的圓滿。當我們發現，在存在的根本中、在人之所是內，自己是被愛的，我們就獲得了這個能力。而這個發現只有在那位絕對者，在被稱之為愛的那位之內，才能實現。

當我收心斂神的時候，在內心深處，我也向自己開放，那是充滿自由的空間：因為讓我成為我自己，接納、認同自我，沒有面具，使我獲得真正的自由。

大德蘭也指出了可能阻止一個人進入這條道路的許多情況，儘管她最終將一切歸咎於缺乏信仰生活的基本練習，——與主相遇的祈禱生活：「不修行祈禱的靈魂，如同癱瘓或殘廢的身體，即使手腳俱全，卻不能命令它們。像這樣，就是那生了病，習慣於忙碌外在事物的靈魂，她們是無可救藥的，也看不出來她們能進入自己內心；因為她們已經很習慣，常常和城堡周邊圍牆的爬蟲和走獸打交道，幾乎已經和牠們很相似，儘管她們擁有這麼豐富的本性，本可與天主交談，卻也無濟於事。如果這些靈魂不設法明瞭並治療她們的大不幸，因不回頭看自己，她們會成為鹽巴立像，就像羅特的妻子，因回頭觀看，而變成了鹽柱。」（《城堡》1・1・6）

大德蘭用來定義陷入淺表的人所用的形象很有啟發性，因著向後看，他們冒著變成鹽柱、失去生命的風險。對大德蘭來說，補救的措施是內在的注視，這才會有能力打開心靈，從內在發現自己，並在有利於真正改變的活力中行走。這就是為什麼毫不為奇，在聖女的經驗中，為使信德成長並充滿活力，只有通過祈禱才可以做到：「進入這座城堡的門是祈禱和深思細想[18]。」（《城堡》1・1・7）

祈禱的道路，主動的收斂心神，會帶領我們發現何以為人的真實面貌。對於大德蘭來說，人是：

18. 這裏的「深思細想」意為：努力意識天主的臨在。

① 天主的居所[20]

人是天主的居所，這不僅強調了對人的崇高概念，而且還真正的體現了是天主的臨在奠定了人的本質，並且祂的臨在是永不消逝的。這是與人之美麗的相遇，這份美麗是永不會消失的。「在此宜深思細想，這水泉和輝煌的太陽，在靈魂的中心，並沒有失去其光輝和美麗，總是在靈魂內，什麼也除不掉它們的美」。（《城堡》1・2・3）無論一個人在他的生活中是多麼的渾渾噩噩，這個原則始終確立了走這條路的可能性。天主總是忠於祂的受造物，祂對人類有極大的信心，我們必須向天主學習這一點。可以說，天主不期望任何首先沒有豐富賜予我們的東西。這將對信友的祈禱生活構成巨大的挑戰：要仔細考慮，為他來說，天主是誰？天主為他來說是怎樣的？他會從那裏汲取力量，與天主建立關係，並以同樣的方式，與他人建立關係。

20. 參閱：《城堡》1・1・1。

② 天主的肖像和模樣

這是聖經對人卓絕的概念。這個對人的確定所包含的意義在德蘭式的祈禱中非常明顯。對聖女來說，這是一個神學上的證據，證明她的經驗是在天主內有基礎的；這不是主觀之見，而是與定義人的存在及其存在的理由相對應的。我們可以說，那就是人的尊貴。祈禱者的經驗讓我們對作為天主的「你」[21]的人有一個新的發現。說到肖像，是和原型有關係的，並且必須要在其內得到實現。因此，祈禱是人的「自然」模式，通過祈禱，人找到其存在的理由和意義。這就不足以為奇，為什麼大德蘭強調並邀請我們來體驗：

③ 靈魂的尊貴和美麗

其實，大德蘭並不是不談論苦難、罪惡、渺小、卑賤等等，其實這些都是人性的一部分，也是當我們收斂心神、回到自己內心時所會發現的。但是，人的本性內不全是這些，絕對不是！靈魂的尊貴奠定

21. 強調人基於天主內、和天主的位際關係。

了祈禱之路，也使我們發現天主自己對人的瞭解，因此，更增加了靈魂美麗的確實性。這是人最真實的一面。罪惡不能定義我們，天主的肖像才是人的真貌；限度不能詮釋人之所是或獨占人心，而是，我們已嵌入無限之內……，因此，人享有天主的尊貴，人之所是和其存在也由此而來。我們的罪惡和痛苦……，在許多情況下，是生命前進之路上的剎車系統，因為這些會阻止我們深入與天主相遇的城堡中。但是，作為這條路的起點，不能是鑽石表面的汙穢，而是要對汙物內裏的鑽石懷有信念，那才應該是充滿生機和活力之信仰的原動力。

這些因素在基督徒和德蘭式的祈禱中至關重要，它們奠定了為什麼要操練收心祈禱的基礎，也提供了使人敞開心靈，並意識到人的真實身份的可能性。

練習收斂心神的一個方法

聖女大德蘭雖然寫了很多關於祈禱的內容，但她卻不是很側重方法的。這並不是因為她不相信方法的有效性，而是因為：她認為真正的方法不能簡化為一種特定的技巧，而是必須要關注祈禱的人，也就是說，其實，人才是方法。所以，在大德蘭的作品中，我們所發現的是不斷地培養祈禱者的興趣，而不是如何操作的一些說明。

實際上，聖女大德蘭在這個問題上的解決方法是合乎邏輯的。如果我們面臨的是一份友誼的關係，那麼友誼的雙方才是最重要的。友誼通常不是很形式主義的，而是幫助人以自己本來的樣子來表達自己並與對方相遇。

這些並不意味著大德蘭反對使用幫助和有益於與主相遇的有效方法。但是，她想讓我們明白，方法的價值是相對於人的，也就是說，在整個過程中，方法可以提供幫助，但並非所有方法對每個人都有效，每人必須要找到最適合他們個人特徵的方法。

這樣，默想和祈禱的技巧、方法、形式等，只要能有幫助就可以使用；但不能是為了空洞的方法本身，或為尋求自我的安逸，或者僅為遵守慣例，而應該是為了愛的相遇。前面我們已經引述過大德蘭如何告訴我們：「不是要想得多，而是要愛得多」，所以，「能喚起你們去愛的，就去做吧。」

大德蘭所用的收心祈禱的技巧，在她那個時代的一些靈修作家當中是非常普遍的，特別值得一提的是方濟各．奧蘇納（Francisco de Osuna）。

對聖女來說，收心祈禱，除了選擇一個舒適的姿勢、閉上眼睛外，基本上就是：

i. 意識到：從現在起，我要生活和投入祈禱中；我是誰？與我相遇的那一位是誰？

ii. 放鬆：不僅身體要放鬆，還有思想和精神也要放鬆。

iii. 集中精力：將注意力特別集中在基督的臨在上。

iv. 通過想像力、記憶和感覺增強信德的真理：基督在這裏，天主住在我心內。

v. 感受陪伴者：發現在生活所有的情感狀況中陪伴我的基督。

vi. 開始與我們相信的那位臨在者建立對話：與祂交談，但也要營造靜默的氣氛，好學習聆聽祂的聲音。

vii. 其它幫助：大德蘭知道不是所有的人都那麼容易收心。所以，她提出了另外一些有助於收心的幫助：閱讀、書籍、聖像、福音、大自然……，或任何其它可以幫助達到此目的的方法。

團體祈禱

雖然祈禱和收心的練習表明這是很個人化的行為，但大德蘭也懂得，獨自行走並不好。祈禱若只是為個人的興趣，是沒有教育意義的。聖女知道，良知意識有很好培育的人，對團體來說是一種財富。當然，每位個體不單只是為了團體，而是，也只有在團體中，每個人才能得到自己所必需的補充和實現。

聖女大德蘭從她的祈禱經驗中得知，獨行在祈禱之路上是多麼的困難和危險，比如：會有錯誤、灰心、危險等等，因此迫切需要「相互支持」（參閱：《自傳》2．22；《全德》23．4）。她清楚意識到互相扶持的需要（參閱：《自傳》7．20－22；23．4），因此，為能得到這份支持、指導，並能夠分享和交流所生活的，她特別強調「愛德——友誼」這一主題，將之視為祈禱之路上必備的美德（參閱：《自傳》7．20；16．7－8）。

「和天主交往」的團體性，為與天主、和與人之間的交流營造了廣闊的空間。也是因為，真正的祈禱不是由所投入的時間或所領受的神祕經驗來界定的，而是根據「對近人的愛」（《全德》20．3－4）來衡量的。這是祈禱進程中的基本要素，和我們有時所想的相反；祈禱永遠不會脫離現實，而是要生活於其中，既：「行動，行動」。

與天主合一、生活充滿愛的人，其特點是渴望服侍。因為所領受的必須是用來服務於他人的。「啊！我的修女們！上主這麼特別臨在於其內的靈魂，該多麼忘記她的休息，多麼不掛念榮譽，又多麼願意絲毫不受重視！因為，如果靈魂與祂深度交往，理所當然，她應該很少記掛自己；她的記憶完全專注在如何更加取悅祂，要如何或到哪裏，來顯示自己對祂的愛。我的女兒們，準備好這樣就是祈禱；這個神婚的目的是：從中經常生出行動，行動。」（《城堡》7．4．6）

從以下文句中更有力的看到，聖女大德蘭指出作為一個神修人的意義：「如果至尊陛下以這麼驚人的行動和苦難，來顯示祂對我們的愛，你們怎能希望單靠話語來取悅祂呢？你們知道什麼是真正的靈修嗎？就是成為天主的奴隸，打上祂的烙印作為標記，亦即十字架，因為她們已經把自由獻給祂，祂能把她們賣給全世界作奴隸，如同祂一般；這麼做，對她們毫無傷害，賜給她們的，也不是微小的恩惠。對於這事，如果她們不下決心，不用怕她們會有很大的獲益，因為這整棟建築物，如我說過的，謙虛是其奠定的基礎；如果沒有非常真實的謙虛，甚至為了我們的好處，上主不希望蓋得很高，因為不要導致全部傾倒於地。所以，修女們，為了奠定良好的基礎，你們要努力做眾人中最小的，並做她們的奴隸，看看如何或在何處，你們能取悅和服事她們；因為，這麼做，你們為自己比為她們做得更多，這麼堅實地奠定基石，你們的城堡不會傾倒。」（《城堡》7．4．8）

學習「收心」的八點建議

在此，我們想概括性的給出一些建議，以幫助我們來練習收心。首先應該強調的，也是前面已經提示過的，那就是：收心本身不是目的，收心的目的是默觀，也就是與天主愛的相遇。這不是靠努力得來的（天主不是贏來的，我們需要接受祂），而是一份恩賜。收心幫助人來準備接受、併發現天主的愛，這份愛是祂無償地贈予我們的。

下面，我們給出了可以作為整體練習的一些指導，每個人可以按照認為所需要的時間來練習每一步驟。

① 選擇地方和時間

在任何地方和環境中都能收心，這是我們應該做到的。但在一開始，還是先要選擇一個讓人感到舒適的地方，尤其要有適當的寧靜和安寧的地方；選擇一天中最放鬆、不慌不忙的時刻也是很重要的。如果對個人有幫助的話，也可以放些音樂。

② 舒適的姿勢

所有的靜坐都很強調這一個技巧。一般來說，腰背要直，找到一個讓身體放鬆的姿勢。重要的是，身體的姿態要與內在的姿態相協調。在加爾默羅團體中傳統的姿勢是正坐，也就是跪坐，臀部放於腳跟。也可以使用坐墊，或者放在腳上的小凳子。

③ 借助呼吸

儘管大德蘭沒有直接提到這一點，但它是非常重要的，有助於放鬆身心和集中精力，並促進深沉、平穩和有意識的呼吸。

④ 自我意識

它將是主要的和有特性的因素了。當人一旦準備好了，要意識到天主住在我內，或者意識到耶穌就在我身邊。將注意力集中在此，可以幫助我暫時忘掉一天中所有的喧囂、麻煩等等。但是不要太過勉強，這不是一場戰鬥，應當溫柔地進行。這是友誼的交往，我得學習從這個角度生活這一刻。

可以通過聖像、閱讀書籍或文章來幫助自己。也可以重複一句話或者一個思想，把自己的注意力集中在那裏。或者就簡簡單單地重複耶穌聖名，只要想到祂和我在一起就可以了。

如果努力了，但還不能使自己擺脫憂慮或一些問題，這時也不要強迫自己，而是可以簡單地和祂分享我的生活，我的擔憂，讓我分心的事情等等。

有的時候可能只有靜默。我們可以想想什麼是愛的關係，我們是怎樣生活這份關係的……，這些都能幫助我，以多種方式生活在祈禱中、與祂相遇。

⑤ 注視

「請注視祂，祂正在注視你」，這是大德蘭給我們的口令，把我的注意力和專注力集中在祂的目光上。雖然我感覺不到什麼，但我知道祂不會停止以愛的目光注視我。我也努力在內心以同樣的注視來回報於祂。

⑥ 最基本的

「收心是愛」，所有幫助我發現自己被天主所愛的事物，都將更豐富、更好地幫助我生活祈禱的時刻，並幫助我將祈禱帶入生活。這是開始發現自己被愛，是我從來不會想像到的；這是學習以慈愛天主的眼光看我的整個生活。

⑦ 多長時間

這是每個人必須自己去發現的。每一份關係都有其內在的需求，而這需求是無法用時間來衡量的。重要的是要堅持，其它的由每個人自己來取決。

⑧勿忘大德蘭給我們的指示

雖然似乎我們什麼都沒做，但這絕不是浪費時間，遲早會結出果實的。甚至對生活本身的思考、對人之所是、對人所生活的，都具有很大的價值，因為這也是打開雙眼，為了讓我們認識到自己到底是誰。「我認為，只一天得到上主給的對自我和謙虛的認識，——即使我們必須付出折磨和艱辛——，仍是更大的恩惠，超過多天的祈禱。」（《建院》5．16）

4

大德蘭講個人祈禱

聖女大德蘭向我們提供的教導，遠比我們迄今為止能夠闡述的更廣泛、更豐富。作為整個祈禱之路的專業導師，她知道困擾祈禱者的普遍問題。這裏，我們的目的不是系統化地講解祈禱的整個過程和所有階段。為聖女來說，重要的是要開始、而且不要放棄這條祈禱之路。

接下來我們所選擇的章節就是順著這個目標呈現的。我們讓大德蘭自己為我們提供指點、幫助和引導，好讓我們在這條路上鍛煉。等我們有了堅實的基礎，最好是去閱讀她的著作。以下我們按照主題，細分這些章節，這些段落可以幫助我們實現偉大的人生計畫[22]。

祈禱是一件大好事

人人可走的路

「請注意，上主邀請所有的人。既然祂是真理，我們毋庸置疑。如果這項邀請不是普遍的，上主就不會召喚所有的人，即使祂召喚了

22. 以下段落都是聖女大德蘭所寫的有關祈禱的章節，如能擴展閱讀，結合上下文，會受益更多。

所有的人，祂也不會說：「我會給你們水喝。」也許祂可以說：「你們全都來吧！畢竟，你們毫無損失，至於那些我認可的人，我會給他們水喝。」然而，如祂說的，並沒有這個條件，而是給「所有的人」，我確信，凡沒有停留在半路的人，不會喝不到這活水。祈願上主，因祂是至尊陛下，按祂的應許，賜給我們恩寵尋求這活水，一如應該尋求的。」（《全德》19．15）

必不可少的好事

「我能講述自己所經驗的：亦即，縱使修行祈禱者有什麼過失，他絕不可放棄祈禱。因為正是用這個方法，他能補救這個局面。若願意有所改善，卻又不祈禱，勢必更形艱辛。但願魔鬼不誘惑他，就像牠加害於我那樣，為了謙虛而放棄祈禱。祈願那人相信，天主的話決不能落空。因為如果我們真的懺悔改過，下定決心不冒犯天主，祂會轉念和他重修舊好，賜予他先前所給的恩惠。如果悔改者堪當的話，有時更是加倍施恩。任何尚未開始修行祈禱的人，為了天主的愛，我懇求，不要失掉這麼極大的好事。」（《自傳》8．5）

祈禱能改變行為

「那麼，如果這麼長久的時間，上主能忍受像我這樣可憐的人。顯然地，借著這個方法，祂治好了我所有的罪惡，那還有誰，無論他多麼壞，會有理由害怕呢？因為無論他能有多壞，也不會像我這樣，多年蒙受上主這麼許多的恩惠之後，仍然這麼壞。有誰要失去信心呢？因為上主這麼百般地容忍我，只因我渴望、也設法尋找地方和一點時間，好使祂和我在一起。而且我做這些，也沒有懷著決心去做，而是借著上主賜給我的勇力，甚或是祂親自在我身上工作。如果那些不服事祂、冒犯祂的人，還從祈禱中得到這麼許多的好處，而且發現祈禱是這麼必要，——沒有人真能發現祈禱會有什麼害處的，不修行祈禱才是至極的損害——，那些服事天主及渴望事奉祂的人，為什麼要放棄祈禱呢？我真的不能瞭解，到底為了什麼，莫非他們想要以更大的艱辛，去忍受生活的辛苦，而且對天主關上門，讓天主不能給予他們喜樂？我實在同情那些以自己的付出來事奉上主的人，因為對修行祈禱的人，上主會親自付出代價；因為借著他們小小的辛勞，上主賜給他們喜悅，使他們與主一起，忍受這諸多的艱辛。」（《自傳》8．8）

祈禱是走向真理之路

「上主所帶領、了悟真理的靈魂是有福的！啊！這是多麼適合國王的境界！這對他們多麼有價值！努力達此境界，比致力於偉大的統治，更勝一籌！在這個王國裏，有何等的公平正直！他們會避開，且已經避開何等的罪惡！在這個境界，一個人為了天主的愛不怕喪失性命或榮譽！凡負有更大責任關注天主的榮譽，超過關照所有下屬的人，這是何等偉大的祝福！因為，這些屬下都必須跟隨他們的國王！為了增加一丁點兒的信德、給予異端者一線光明，這樣的國王甘心情願喪失千國萬土，那也是值得的；因為這是個很大的收穫：一個永無終窮的王國，只要靈魂嘗到這種祂所給予的水，哪怕只是一滴，也會使之輕看現世的一切事物。如果她全人浸之於內，那更會怎樣呢？」（《自傳》21．1）

祈禱也是一條安全之路

「開始時懷有信心，也是必要的，如果我們不允許自己被打敗，必會得償心願；無論收穫多麼微小，結果仍會非常富足，這是毋庸置疑的。你們不必害怕，天主不會讓你們渴死，因為祂召叫我們來暢飲這水泉。這事我已說過，而且還要說許多遍，因為這嚴重恐嚇著那些雖然因信德認識祂，但尚未憑藉經驗認識上主美善的人。然而，上主對待那些走在這條祈禱之路的人，使他們經驗到祂的友誼及恩寵，這是極有益的事情，上主是怎樣為他們幾乎做了一切。」（《全德》23．5）

為開始這條路的一些忠告

要進入己內

「我好像在說些蠢話，如果這城堡是靈魂，我們顯然無需進入，因為就已經在我們內了；叫人進去他已在裏面的房間，聽起來多麼愚蠢。不過，你們必須瞭解，置身於城堡內，會有許多不同的方式。有許多靈魂就處身於城堡的環城路上，這是守衛駐紮之地，她們毫不在意進入裏面，也不知道在那麼珍貴的地方裏有些什麼，或誰住在裏面，甚至連裏面有多少房間都不知道。在某些論祈禱的書上，你們曾聽說過，勸告靈魂進入自己內；我的意思正是這樣。」（《城堡》1・1・5）

要重視起步

「凡蒙上主賜予恩寵和勇氣，決心使盡全力得到這個美善的人，確實是上主賜給他的大仁慈。因為只要堅忍不拔，天主不拒絕任何人。漸漸地，上主會賜給他足夠的勇氣，獲得這個勝利。我說『勇氣』，因為有這麼多的事情，魔鬼放在初學者的面前，好讓他們實際上並沒有開始走這條道路；因為牠知道自己將慘遭損害，所失去的還不止一個靈魂，而是許多。如果初學者借天主的協助而奮鬥，達到成全的高峰，我相信，他絕不止獨自一個人上天堂，而是會帶領許多人跟隨他。就像一個好隊長，凡在他部隊中的人，他都把他們帶給天主。」（《自傳》11．4）

要想天主就住在我內

「你們已經知道天主無所不在。很明顯的，國王在哪裏，祂的宮廷就在哪裏。總而言之，天主在哪裏，那裏就是天堂。你們可以毫無疑慮地相信，至尊陛下在哪裏，所有的榮耀也就在那裏。為此，請注意聖奧斯定所說的，他在許多地方尋找祂，最後終於在自己之內找到了祂。你們想想，一個易於分心走意的靈魂，如果明白了這個真理，知道不必上升天國，就可以和永恆之父談話，不必把自己獻做禮物給祂，也不必大聲說話，這不是一件很重要的事嗎？無論我們多麼輕聲細語，祂這麼的靠近，全都聽得見我們。我們也不必插上雙翅去尋找祂，而是要置身於獨居之中，在自己內注視祂，不要遠離這麼好的客人；而要懷有深度的謙虛，如同和父親談話一般，仿佛向父親祈求，向祂細述你們的困難，求祂救助以解決困難；也要明白你們原本不配做祂的女兒。」（《全德》28・2）

要習慣收斂感官

「凡能用這個方法，關閉自己，留守在我們靈魂內的這個小天堂裏的人，——創造上天和下地的祂就在那裏——，又習慣於不去注意，也不停留在外感官分心的地方，要相信，他們所走的是卓越的道路，絕不會喝不到泉水，因為他們用很短的時間，走了很長的路。就像搭船的人，若有點順風吹送，幾天就能到達航程終點。行走陸路的人就得耗費更多的時間。」（《全德》28・5）

要認出我們內在的美

「我們要注意到，在我們之內，有一座華麗至極的宮殿，整棟建築滿是黃金和寶石，實在是上主的最好行宮；這座宮殿之所以這麼華麗，也有你們的一部分，事實也是這樣，因為沒有任何建築物的美麗，比得上潔淨且充滿德行的靈魂，德行愈卓越，寶石也愈光輝燦爛；此外，這位偉大的君王就在這座宮殿中，祂慈悲為懷，成為你們的父親；祂坐在貴重至極的寶座上，那就是你們的心。開始時，可能會覺得這是無所謂之事，——我是說，為了解釋清楚而用的這個比喻——，但這會是非常有用的，尤其是對你們[23]而言；因為，我們是沒什麼學問的女人家，這一切都是需要的，好能幫助我們真的瞭解，在我們內有其它更寶貴的東西，且是無與倫比的，遠超過我們外面所看到的。我們不要想像我們的內在是空的。」（《全德》28．9－10）

23. 這裏的「你們」是指若瑟隱修院的修女們。《全德之路》是大德蘭改革創建修院後，因修女們的請求而寫的。

要設想基督是夥伴

「靈魂可以置身於基督面前，逐漸習慣來熱愛祂的至聖人性，保持上主在其內的臨在，並且和祂交談，向祂傾訴自己的需要、抱怨自己的辛苦；欣然與基督一起享受祂的喜樂，並且在享樂中不忘記祂；設法與祂談話，儘量不要採用固有的經文，而是按照靈魂的渴望和需要來交談。」（《自傳》12．2）

要運用理智

「我也要囑咐那些運用理智做許多推理祈禱的人，他們會從一個主題中推理出許多思想，引申出許多觀念。另外那些無法運用理智的推理來祈禱的人，就像我的情形一樣，不需要其它勸言，而是要保持耐心，等待上主賜予光明和使理智專注的事物，因為這些人僅使用理智，能做的是這麼少，任何勸言只會阻礙他們的理智，而並不能幫助。

那麼，我再來談談那靠理智推理的人，我建議，他們不應該把全部的時間都花在上面；因為，雖然推理思考非常有功效，但是，他們好像不覺得，——可能是因為祈禱得津津有味——，應該也得有個不工作的主日天吧，他們連一會兒也停不下來，否則的話，會覺得是在浪費時間。我卻認為這種浪費是個大收穫。就像我已經說過的，應該要置身於基督的面前，不要勞累理智，而要和祂交談，愉悅地和祂在一起；不必費神勞累於理性的推理，而是要向祂呈上所需，原因就是我們在祂面前不需要受罪。有的時候要推理思考，有的時候則要用其它的方法，好使靈魂不因所食之物太過單一而感到厭倦。如果喜歡常用豐富的飲食方法，將會是非常愉悅和有助益的；飲食中自帶大量的養料，讓靈魂更有生命力，並帶來許多其它的好處。」（《自傳》13．11）

怎樣開始祈禱

開啟祈禱之路

「那麼，現在我們重拾前提，再來談我們的口禱，為使在祈禱時，當我們還在不了解之中，天主就把一切全賜給了我們，如我說過的，念經祈禱是正確合宜的。祈禱首先該做的，大家都已知道，那就是良心省察、痛悔和劃十字聖號。然後，女兒們，因為你們是孤苦伶仃的，那就要盡力找一個伴侶，哪有比教你們誦念這祈禱文的老師更好的伴侶嗎？設想上主親自和你們在一起，請注意看，祂懷著何等的愛情和謙虛教導你們。要相信我，你們要盡所能地，和這麼好的朋友相守不離。如果你們習慣有祂在身邊，而祂也看到你們滿懷愛情，盡力取悅祂，如人們說的，你們就不會讓祂離開，祂也絕不會辜負你們；在你們的所有磨難中，祂會幫助你們；你們無論到哪裏，都有祂相伴。你們想想，有這樣的朋友在身邊，是件小事嗎？」（《全德》

26．1）

理解所說

「所以，現在我想勸告你們的是（甚至我能說是教導你們，因為作為母親，擔任院長之職，這是正當的），你們該如何誦念口禱，因為要明白所念的經文才是合乎情理的。還有，因為無法想念天主的人，長篇的祈禱文也可能會使他們感到疲累，我也不想涉足其中。我要談的是，由於我們是基督徒，必須努力誦念的經文是〈天主經〉、〈聖母經〉；所以，不能讓人們說我們口中念念有詞，卻不知所云，——除非我們按習慣念經就夠了，只要念出字句就行了。這樣是否足夠，那不是我想涉及之事，博學者們會加以解釋。女兒們，我希望我們所做的，不要只滿足於此，因為當我念〈信經〉時，我理當明白、並知道我所信的；當我念〈天主經〉時，瞭解這位我們的天父是誰，教我們這篇祈禱文的老師是誰，這才是對祂的愛。」（《全德》24．2）

獨處及常識

「說到那首要的，你們已經知道，至尊陛下的教導是要獨處；當祂祈禱時，總是這樣的，這不是為了祂的需要，而是為了給我們立表樣。這事我已經說過，一個人和天主又和世界說話，這是行不通的；這無非就是邊祈禱，邊聽外邊的談話，或分心突然想起的事，而沒有進一步地制止。有時也會有做不到的時候，或是因為心情惡劣，——尤其如果是有憂鬱症的人——，或是頭腦衰弱，雖然努力有加，但還是做不到；或者是天主為了祂僕人的更大益處，允許他們在服事時，有幾天遭受暴風雨的日子。雖然他們受折磨，也努力安靜下來，他們甚至都不能專注於誦念的字句，儘管更使勁地努力，理智也不能安定在任何事上，而是好像瘋了一般，胡亂遊蕩。凡是受到這種磨難的人，會明瞭這不是他的過錯。他不必難過，否則會更糟；也不要疲累不堪，在空空如也的腦袋裏，——就是他的理智——，放些什麼，而只要盡所能地念經祈禱；甚至不要祈禱，而要像個病人般，努力使他

的靈魂得到舒解：專注於另外一個修德的工作。」（《全德》24・4－5）

在愛中的練習

「按照我的簡單理智，首先我要說的是，成全祈禱的實質是什麼。因為我碰到過一些人，他們認為整個事情都在於思想，如果能專注於多想天主的事，即使要費很大的力氣，他們馬上自認為是屬靈的人；而如果分心走意，不能控制，即使所分心的是好事，他們便立刻失去了安慰，自認為已經迷失了。博學者們不會有這樣的事和無知，雖然我也曾碰到過幾位是這樣的；不過，為我們女人家來說，為避免這樣的愚昧無知，接收勸導，是很合適的。我不是說，常能做默想專注於上主化工的人，不是上主的恩惠，努力這麼做是很好的；可是要知道，並非每個人的想像力天生就能熟練地專注於默想，但是，所有的靈魂很自然的都有能力去愛。我認為，在別處我曾寫過，關於我們的想像力如此不受約束的原因；不是所有的原因，——這是不可能的

——，而是一部分。所以，我現在不談這事，我想解釋的是，靈魂不是思想，意志也不受思想的指揮，如果這樣，將會非常不幸；因此，靈魂的進步不在於想得多，而在於愛得多。」（《建院》5．2）

利用感官

「我來總結一下，凡希望達到此祈禱地步的人，——因為，如我所說，這是我們力所能及的事情——，對我所說的，要不厭其煩地來習慣，也就是慢慢地來控制自己，不再徒然勞碌；要為了自己的益處來克勝自己，也就是為了內在的生命，要充分利用感官。如果他要講話，要努力記得，是在自己之內和祂講話。如果是要聆聽，則要記得，他所聆聽的這位比誰都離他更近。總之，務必要意識到，如果願意的話，永遠都不要離開這麼好的伴侶；也要為長久以來讓天父孤苦伶仃而感到難過，因為他是那麼的需要天主。可能的話，一天之中要多次收斂心神，如果辦不到，哪怕次數少些，也要練習。一旦養成習慣，遲早會體驗到其中的益處。等上主恩賜這樣的收心之後，任何其它財寶都無法與之交換。」（《全德》29．7）

借助聖像的幫助

「為了幫助祈禱，你們也可以帶一張上主的聖像或塑像，而且是你們所喜歡的；聖像不是用來掛在胸前，到後來卻看都不看一眼，你們要用它經常和上主談話；祂會推動你們該說什麼。你們應像和別人說話那樣和上主交談，為什麼到了要和上主說話時，反倒不言不語了呢？你們不要想這是超乎人力的；如果你們嘗試來做，我認為你們不會沒話說。如果我們同一個人沒有往來，就會導致疏遠，我們就不知要怎樣和他談話，彷佛我們不認得他了，即使是親戚也會如此，因為缺少交往，親情、友誼也隨之失去。」

24. 聖女大德蘭使用的語言是西班牙語，對個別讀者，意指本國語言的好書。

（《全德》26・9）

借助聖書的幫助

「帶本西班牙語[24]的好書，也是個很大的補救方法，甚至有助於收斂思想，並做好口禱；慢慢地，借著方法和所得的寵愛，靈魂會習慣，不再害怕默想祈禱。

仔細思量一下，靈魂離開她的淨配許多年，在要返回淨配的家以前，很是需要學習如何和祂交往。我們罪人就是這樣的：我們的靈魂和思想，這麼習慣於隨從享樂，更好來說，是磨難，而這憂愁可憐的靈魂又不明白。為了讓靈

魂再喜愛回來，留在家裏，這需要很多方法。如果不這樣慢慢地來逐步練習，我們必會一事無成。」（《全德》26・10）

〈天主經〉

「福音中的這段祈禱文，其成全是那麼崇高，又是這麼好的老師所教導的，我們應當極力讚美上主。所以，女兒們，我們每個人都能夠以適合自己的方式來使用。看到在這麼少的字句中，卻涵蓋了所有的默觀和全德，令我驚訝得很，就好像除了學習這篇禱文，我們就不需要再研究其它的書籍了。因為，在這段經文裏，上主已經教導了我們所有的祈禱方式及崇高的默觀，從初步的祈禱到心禱、再到寧靜祈禱、以及結合的祈禱，如果我會解釋這一切的話，在這個如此堅固的基石上，我就能夠寫下一本論祈禱的巨著。」（《全德》37・1）

默想耶穌的奧跡

「因為深思並細想上主為我們所受的痛苦，會讓我們滿是同情並為之感動，這份情緒，以及為此而流的眼淚也會帶來甘飴。想到我們所期待的光榮，上主對我們懷有的愛，以及祂的復活，我們會受感動而歡喜。這種喜樂不完全是精神的、也不完全是感覺上的，而是一種有效力的喜樂，那個悲痛也是非常有價值的。這種種增加熱心的方法，借著理智也可以得到一部分，儘管我們知道，如果不是天主賜給的，我們不配、也不能掙得。」（《自傳》12・1）

「經由我們的上主，一切的福佑都會臨於我們。祂會教導我們這些事。要不斷地看耶穌的生活，祂是最好的模範。祂絕不會如同世俗之友，遭逢困苦患難就離棄我們，有這麼好的朋友在身旁，我們對祂還想多要求什麼呢？凡真心愛祂，又經常有祂陪在身邊的人，真是有福！讓我們學習來看看榮福聖保祿：他的口好像總沒有停止過呼號耶穌的聖名，因為他總是把耶穌放在心裏。」（《自傳》22・7）

想念基督對我的愛

「所以，我願以此來做結論：每當我們想到基督時，應該記起祂的愛，祂借此愛賜給我們這麼多的恩惠。也要記得，天主顯示的是何等的大愛，賜給我們擁有基督的愛作為擔保，並由愛情導出愛情。即使我們才剛剛開始修德，又非常軟弱可憐，但我們要在眼前時常保有這份愛，並由此喚醒我們也去愛。因為，如果上主一旦恩待我們，將此愛銘刻於我們心中，其它一切都會很容易的，我們也會快速、且不費力地進步。至尊陛下知道，祂的愛對我們是多麼有益，因著這份愛，也因著祂的光榮聖子，我們才屬於祂，祂的聖子為了對我們顯示這份愛，付出了那麼高的代價，願至尊陛下賜予我們這份愛，阿們。」（《自傳》22，14）

尋找同路夥伴

「一個靈魂單獨地處在這麼多的危險中，是個很大的不幸。我認為，如果我能和別人商討這一切事，將會有助於我，至少為了羞恥心，使我不再失足，因為我在天主面前不懂得羞愧。因此，我勸告那些修行祈禱的人，尤其是在開始時，要交結朋友，和其他有相同興趣的人交往。這是極重要的事。即使這個交往僅限於以彼此祈禱的方式來幫助。這些祈禱愈多，收穫也愈大！

如果在世俗裏，在那並不是很好的往來與喜好上，人們都還是希望找些朋友，以享受聊天、相聚之樂。那麼，對於一個決意真心愛天主、事奉天主的人，我不明白，為什麼不允許他有一些朋友，好能談談他的努力與喜樂，而這些是祈禱者所該擁有的。因為，如果一個人真的願意和至尊陛下建立友誼，就不必害怕虛榮心；當人在初期的不安定中克服了虛榮，他將會收穫勝利。我相信，為了與天主的友誼，而談論這些喜樂和磨難，會有益於他本人，並且聆聽他的人也會受惠，結果使他成了教導他人者；甚至在個人還不知如何教導時，但朋友們卻因此而獲得益處。」（《自傳》7，20）

求助於專家或有經驗者

「成為一名神師，德才兼備是非常重要的，——我是說，他要有傑出的才智——，還得要有經驗。除此之外，如果他若還有學問，那就更好了。不過，如果無法找到一身兼有這三項資格的神師，那前兩者則比較重要；因為在有需要時，可以找一位有學問的人，好向他請教。依我看，如果那些有學問的人不操練祈禱，對開始度祈禱生活的初學者來說，不會有太大的幫助；我不是說初學者不該請教有學問的人，因為我寧願一個人的心靈沒有祈禱，也不願一個人在開始時不行走在真理中。還有，學問是一件大事，因為，知識教導、啟迪我們這些無知的人，並給予我們光，讓我們好能認識到《聖經》的真理，做我們應該做的事情。願天主拯救我們，免陷於愚蠢的敬禮。」（《自傳》13，16）

面對外在或內在的困難

「至尊陛下比我們自己更知道我們的可憐、明白我們卑劣的本性；而且，祂知道這些靈魂渴望經常想念祂，愛祂。祂要的就是這個決心，我們加給自己的其它愁苦，無非就是擾亂靈魂，如果先前無法利用一個小時來祈禱，現在四個小時也亦然。許多時候，這些無能為力是來自身體的失調（在這方面，我有很多的經驗，我知道，這都是真的，因為我已經認真地詳查過，也和神修人探討過）。我們是這般可憐，那被囚禁的貧乏靈魂，分受身體的不幸境遇。天氣的變化，體液的迴圈更替，往往導致靈魂不能做她想做的事，這不是她的過錯，卻讓她受很多苦。在這個時候，如果還要勉強靈魂，不好的情況就會變得更糟糕，會持續得更長久。這時最好應該審慎明辨，原因可能是身體出了狀況，而不要扼殺可憐的靈魂。有這樣情況的人要懂得是自己生病了，應該改換祈禱的時間，在後來的日子可能也要多次這樣來做。他們要盡所能地忍受這個流離之苦，對一個愛天主的靈魂來說，看到她生活在此可憐的境況中，無法做自己所意願之事，住在這樣的肉身內、做可憐的寓客，真是個很大的不幸。」（《自傳》11，15）

祈禱就像是和朋友——天主的相遇

天主居住在我們內

「在我們內有另外更寶貴的東西，是無與倫比的，遠超過我們外面所看見的。不要想像我們的內在是空的……，如果我們努力留神地記住，在我們內有像這樣的貴賓，我們就不會這麼關注世上的事物，因為相對於我們內在所擁有的，外在的一切，是多麼的低賤。「（《全德》28，10）

愛所有人的天主

「你們看，這實在是確實的，天主把自己給予那些為祂捨棄一切的人。祂沒有偏心，祂愛所有的人；無人能找藉口，無論他多麼卑微。上主就是這樣對待了我，帶領我達到如此的境界。請注意，我所說的不是別的，而是必須要闡述的，好能使人明白天主賜給靈魂的神視和恩惠。然而，當上主賜給靈魂領悟祂的祕密和無上尊高時，那個感受是我不能夠描述的，那是一個超然的愉悅，超過世上可以想到的一切；當然，也會讓人厭惡這個世上所有的快樂，覺得那些全都是垃圾。其實拿這兩種愉悅來做比較，是很不得體的，即使這世上的快樂是無終結的，但它也只不過是上主為我們預備好的汪洋大海中的一滴而已。」（《自傳》27，12）

改變我生命的天主

「我經常很驚訝地想及天主的偉大良善，我的靈魂歡欣於祂那驚人的慷慨大方，大慈大悲。願眾人讚美祂，因為我清楚地看見，即使在今世，祂不會不酬報每一個良善的渴望。就連我那可憐、不成全的行為，我的這位上主都加以改善，並使之成全，且賦予價值，然後，祂把罪惡和過失都隱藏起來。至尊陛下甚至允許，使那看到這些罪過的人們視而不見，並從他們的記憶中消除這些罪過。祂粉飾我的過失；上主親自把德行放入我內，幾乎是強力讓我有此德行，並使之閃閃發光。」（《自傳》4．10）

常常臨在的天主

「開始時，我是很無知的，因為我不知道天主臨在於萬有之中。因為祂是如此真實地臨在，讓我覺得這個無所不在是不可能的。其實，我又不能不相信祂就在那裏，因為我認為，我似乎清楚地明白，祂就親臨在那裏。那些沒有學問的人告訴我，祂只借著恩寵臨在。我不能相信這事，因為，就像我說的，我認為祂是臨在的，因此我感到困惑。有位知識非常淵博的人，來自榮福道明修會，他消除了我的這個疑慮，因為他告訴我，天主是臨在的，及天主如何通傳自己給我們，這讓我感到非常的安慰。」（《自傳》18．15）

永不停息地給予我的天主

「常常念念不忘某人為我們做的好事，我們會更愛那個人，這是所周知的。我們要常常記著，——這是應當的，且是有益處的

——，我們的存有來自天主，祂從無中造生我們，且保存我們，祂在造生我們之前，就賜給我們現今的每個人，因著祂的苦難和死亡所得來的一切恩典。為什麼我們不讓自己去認識、注視、並常常深思細想祂呢？我曾習慣談論虛榮之事，現在蒙主寵惠，為什麼我不只來談論天主呢？這是一個珍貴的珠寶，我們要記得是祂給了我們，我們已經擁有這個寶貝，也要激勵我們努力去愛，這一切益處都是祈禱帶給我們的，而謙虛是這個祈禱的根基。」（《自傳》10・5）

使我富有的天主

「如果一個人不知道他是富有的，怎麼能夠享用、且慷慨地和人分享他所擁有的呢？一個人要是不知道自己蒙受天主的恩待，還有著做大事情的精神，我認為，這按人的本性來說是不可能的。人要是不明白他擁有天主的恩惠，會發現他很難實際地憎惡世物、或超脫一切，因為我們是這麼的可憐，這麼地傾向俗世的事物。借著這些恩惠，上主賜給我們因罪惡而失去的剛毅。如果一個人沒有天主愛的保證、沒有活潑的信德，他必不會渴望被人輕視和厭惡，也必不願得到成全之人所擁有的一切功德善行。因為我們的本性是這麼麻木不仁，所追求的無非是眼前所看見的；因此，上主的恩惠正是要喚醒、加強我們的信德。不過，事情也可能是這樣，由於我如此的卑劣，又以己心度人，別人可能只需要信德的真理，就可以修成全備之德；至於我，是這麼的可憐，則需要所有的恩典。」（《自傳》10．6）

向天主的真愛打開自己

「那麼，現在我們談談開始成為愛情之僕的人（我稱之為「愛情之僕」是說：我們下定決心，經由祈禱之路，來追隨這位如此愛我們的天主）。成為愛情之僕是如此的尊高，想到這事令我格外欣悅。如果在此初步階段，我們做我們該做的事，奴隸的怕懼會很快消失。啊！我靈之主！我的美善！當一個靈魂決心愛祢，盡其所能離開一切，更專心致志於此神性之愛時，為什麼祢不願意他很快攀登直上，享有這個成全的愛呢？我這樣說不對，我應該歎息地說，為什麼我們自己不想望這愛呢？如果我們沒有很快享有這麼崇高的尊位，過錯全在於我們；當完全地獲致了天主的這份真愛，將會帶給我們一切的福佑。而在把我們完全獻於天主的事上，我們是這麼的小氣，又這麼遲鈍，要知道，在我們不準備好自己的情況下，至尊陛下是不會無償地賜給我們這珍貴寶貝的。」（《自傳》11・1）

信任天主，祂是朋友

「誰若在自己內看到這個決心，就真的沒什麼理由好害怕的。神修人，你不要再愁眉不展了。你已經得以置身在這麼崇高的境界，為能在獨居中和天主親密來往，並放棄世俗的消遣，大部分事情已經完成。要為此而讚美至尊陛下，且要相信祂的溫良慈善，祂絕不會辜負祂的朋友。你們不要想，為什麼這人努力還沒幾天，天主就這麼快賜給他熱心，而我已經過了許多年，卻不給我。我們要相信，一切都是為我們更大的益處。讓至尊陛下隨意地引導我們。我們不再屬於自己，而是屬於祂。天主賜給我們極大的恩惠，希望我們願意在祂的花園中工作，也讓上主臨在其中，而祂確實和我們在一起。花園裏花卉草木，如果祂願意其中一些需要用祂的井水澆灌來生長，而另一些則不需要，這與我又有什麼相干？上主，做祢所願意的吧！願我不冒犯祢。如果因祢的慈悲良善，已賜給了我一些德行，請不要讓這些德行喪失。上主，我渴望受苦，因為祢先受了苦。願祢的聖意，照祢所願意的方式，在我身上實現。並且，我願請求至尊陛下，不要把像祢的愛情這般寶貴的禮物，給了那些只為貪享祢的神慰，才來服事祢的人們。」（《自傳》11．12）

鼓起勇氣

「該懷有巨大的信賴，這是非常有幫助的，因為不會減少人的渴望，而是更加讓人相信天主。如果我們努力，漸漸地，雖然不是即刻，我們會達到聖人們賴天主的助佑所達到的境界。因為，如果他們從不下定決心來渴望，且一點一點地將其付諸實踐，就不會登上這樣高的境界。至尊陛下喜歡慷慨的靈魂，祂是勇氣十足者的朋友，因為他們行走在謙虛中，而且不依賴自己。像這樣的靈魂，我從來沒有見過在神修之路上停滯不前的；我也從來沒有見過一個隱蔽在謙虛的外衣下、膽小怯懦的靈魂，儘管花很多年，能夠走完他人在很短時間內就能完成的道路。在這條道路上，致力於尋求偉大的事，勇氣是多麼的重要，這讓我感到很是驚訝。雖然，靈魂很快會覺得沒有力量，就像一隻小雛鳥，飛飛停停，也易疲勞，但她只要堅持在飛，一樣可以翱翔。」（《自傳》13・2）

信任天主的美善

「人要信賴天主的溫良慈善，祂的慈善比我們所能做的一切惡事都大。當我們承認己過，願意重新恢復和祂的友誼時，祂不會記得我們的忘恩負義；也不會因失去祂賜給的恩寵而懲罰我們；相反的，所有的這些倒是幫助我們更快地得到寬恕。祂已待我們如家人，與祂同桌共食，分享祂的餅，這是如所周知的。靈魂應該記住祂的話，並看看祂對我所做的，至尊陛下甚至在我不斷地冒犯祂之前，就已經寬恕了我。祂永不會倦於給予，祂的仁慈也不會耗竭。願我們也不要倦於來領受。願祂永受讚美，阿們，也願萬有讚美祂。」（《自傳》19．15）

我們祈禱的目標

與基督合作

「啊！我基督內的姐妹們！幫助我向天主懇求這事，這是你們聚集在這裏的緣故，這是你們的聖召！這些是你們必須投身的事業，是你們必須渴望的事，是你們該流淚的事，是你們必須該祈求的。我的姐妹們，你們要祈求的不是塵世俗物；人們來這裏請求我們祈禱，向至尊陛下祈求財富和金錢，為這些事，我覺得可笑，甚至為此感到憂傷，我希望有些人會祈求天主賜予踐踏萬物的恩寵。他們有很好的意向，總之，看在他們的虔誠上，我們為他們的意向祈禱，雖然對我自己來說，我不認為，當我祈求這些東西時，天主曾俯聽過我。這世界正烈火燎原，人們要再次判決基督，就是說，他們揭發無數的假見證控告祂，他們想破壞祂的教會。而我們向天主要求那些東西，豈不是在浪費時間嗎？萬一天主賜予所祈求的，在天堂上，我們豈不是要少一個靈魂嗎？不要這樣，我的姐妹們，現在不是和天主討論無關緊要之事的時候。」（《全德》1・5）

為讓天主有很好的朋友

「我的修女們，為使你們明瞭，什麼是我們必須向天主所祈求的。在這個小城堡內，已經有很好的基督徒，求天主不要使我們中有人去投靠敵方；也求天主使這座城堡或城市的指揮官，就是傳教士和神學家們，在上主的道路上卓絕超群。他們中大多數是修會的會士，我們要祈求天主，使他們在全德和聖召之路上突飛猛進，這是非常必要的；因為，正如我已經說過，保護我們的是教會的力量，而非世間一般的武力。然而，當兩者都不能有助於我們的君王時，我們要努力成為這樣的人，就是使我們的祈禱能幫助天主的忠僕，讓他們以博學廣識、聖善生活和勤勞工作，使自己剛毅堅強，也能有助於天主。」（《全德》3．2）

為了他人的救贖

「不要以為堅持這些懇禱是無用的。因為有些人，要他們不為自己的靈魂多多祈禱，是件難事，不過，還有什麼比這更好的祈禱呢？如果因為無法減輕日後煉獄之苦感到憂心，要知道，借此祈禱就能減輕煉苦；如果在煉獄裏還有補贖要做，那也可借此而完成。如果經由我的祈禱，只能拯救一個靈魂，而為此我卻必須留在煉獄中，直到世界末日，那又有什麼關係？更何況，祈禱不但對許多人有益處，對天主也有光榮！如果經由短暫的痛苦，我們能更事奉上主，那何須要在乎痛苦，祂為我們不是忍受了許多嗎！你們要時常探求什麼是更成全的事。因著上主的愛，我請求你們，要祈求至尊陛下在宗徒事業上俯聽我們。至於我，儘管可憐不堪，仍要向至尊陛下祈求這事，因為，這是為了祂的光榮和聖教會的益處，這是我所有的願望。」（《全德》

3．6）在愛和服務上成長

「如何獲取這個愛呢？要下定決心工作和服務，在有需要時，要這樣去做。想想我們對上主的虧欠，祂是誰，我們又是誰，確實會促使一個靈魂堅心定志，這是很大的功勞，對初學者是非常適當的；更要明白的是，在服從和愛近人方面，什麼都不應該阻擋。當這兩者之一需要時，應拿出時間，放下我們自己所渴望給予天主的，儘管我們覺得我們是在獨處中思念祂，在享受祂賜給我們的愉悅。但是，為了服從或愛近人放下這一切時，才是獻於天主禮物，才是為祂做事情，祂曾說過：『凡你們對我這些最小兄弟中的一個所做的，就是對我做的。』在服從方面，祂不願那愛祂的人，走其它非祂所走之路，祂的道路是：服從至死[25]。如果這是真的，那麼，大多數的不高興是怎麼來的呢？不是來自一整天中，許多時候沒有全神貫注於天主嗎？儘管我們好像做著祂的事情。在我看來，這有兩個原因：其一，也是最

25. 原文是拉丁語：*obediens usque ad mortem*。

主要的，是由於自愛混雜在裏面，且非常的微妙；這會使人不明白，我們滿足自己超過取悅天主。因為很顯然的，當靈魂開始品嘗到【上主是多麼的溫柔】之後，身體更喜愛休息，不想工作，只願使靈魂享樂。」（《建院》5・3－4）

祈禱是自我認識之路

核心價值觀

「這條自我認識的道路絕不可放棄，而且，在這條路上，沒有一個靈魂，無論她是多麼高大的巨人，總需要多次回到嬰兒哺乳的時期（這一點絕不該忘記，也許我還會多次提及，因為這是非常重要的）。因為無論到達了多麼崇高境界的祈禱，也是需要時常重返起點的。在這條祈禱的道路上，自我認識和念及我們的罪，是所有人都必須賴以維生的食糧[26]，無論菜肴多麼精美，為了生存，都不能沒有這個主食。雖說如此，但也需要適量取用，因為一旦靈魂看見她已是順

26. 原文用的是*el pan*，意為麵包，在西班牙飲食文化中，麵包是餐桌上必不可少的食物。

服的，而且清楚地明瞭，她自己乏善可陳，而在這位偉大君王面前，也沒有報答祂的恩惠於萬一，這都使她感到羞愧無地。但又何必在這些事情上浪費時間呢？我們必須繼續上主擺在我們面前的其它事情，沒有理由把它們撇下不管，因為至尊陛下比我們更清楚，什麼食物更適合我們。」（《自傳》13．15）

「你們也要留意這事：無論是多麼崇高的默觀，常要以自我認識作為祈禱的開始和結束。如果這個自我認識來自天主，即使你們不想要，也不留意這個勸告，你們還是常常會這麼做，因為天主的恩寵帶來謙虛，往往留下更大的光明，使我們認識自己的渺小。」（《全德》39．5）

在天主的偉大中認識自己

「你們不要認為這些住所是一排接著一排的，而是要著眼在城堡的中央，那裏是君王居住的宮室；要想它如同一個棕櫚芯[27]，環繞著許多葉片，把能吃的美味覆蓋起來，這裏所說的城堡也是如此，中心

27. 原文是*palmito*，是一種蔬菜。

住所的周圍有許多房間環繞著。關於靈魂的事，要常去想她的豐富、寬闊和高大，這一點兒都不為過，靈魂之浩瀚和氣魄，遠超過我們的想像，並且，靈魂的每個部位都處在宮殿中太陽光輝的籠罩之下。對於任何一個修行祈禱的靈魂，不管或多或少，都不要禁錮她，也不要使她留守在一個角落，這是很重要的。要讓她走遍這些住所，上面、下面，還有旁邊的，因為天主已賜給她這麼高的尊貴；不要勉強她長久獨留在一個房間內。啊！要是留在自我認識的房間就好了！這個房間多麼重要！——瞧，你們懂得我——，即使是對已被天主帶進祂居所的人，也很需要。無論靈魂已達到何等境界，沒有自我認識，她絕不會修成其它德行，儘管她願意，也不可能完成。因為謙虛常在工作，如同蜜蜂在蜂巢內釀蜜，沒有謙虛，一切都徒勞無益。不過，我們也要知道，蜜蜂並沒有就此不飛出去採蜜；靈魂在自我認識的房間內也是這樣，請相信我，靈魂有時也要奮飛，以便景仰天主的崇高和尊威。那時，她將比在自身之內更認識自己的卑賤，也更容易避開為進入第一重住所，——即自我認識的房間——的爬蟲。雖然，我說過，專心認識自己，固然是天主的大慈大悲，然而，如眾所言，認識天主的仁慈比認識自己對修德行更有益處。請相信我，多著眼於天主的美德，比緊緊自縛於自己的天地，會讓我們修得更好的德行。」（《城堡》1．2．8）

「我認為，如果我們不設法去認識天主，就無法完全認識自己。注視著祂的崇偉，我們會覺察到自己的卑微；看著祂的純潔，我們會見到自己的汙穢；深思祂的謙虛，我們會看見自己離謙虛有多麼的遠。」（《城堡》1．2．9）

「要常常記得，我們必須在事奉上主和自我認識方面前進。」（《城堡》

5·3·1）

意識到我的真實狀況

「天主啊！幫助我吧！如果我們瞭解到自己是多麼的可憐，該多好啊！如果我們不了解這事，一切都會有危險。所以，如果祂所安排給我們的，是為了顯示出我們的卑微，這為我們有極大的好處。我認為，擁有自我和謙虛的認識，哪怕只有一天、即使為此必須要付出艱辛和磨難，這也是上主很大的恩惠，超過多天的祈禱。真正的愛人，無論身處何地，都會愛著對方、總是記著所愛的人！只在角落裏或僻靜之處才能修行祈禱的話，那將是舉步維艱的事情。我知道，好幾個小時（專務祈禱）是不可能的事，但是，我的上主啊！一聲從內心發出的歎息，對祢是有多麼大的威力啊！看到這些讓我很痛苦，因為我們身處這流放之地還不夠，甚至我們都沒有獨居的地方，好能和祢單獨相處，享受擁有祢的快樂！」（《建院》5·16）

祈禱的人

祈禱的人——基督追隨者的美德

「在我述說心靈之事，也就是祈禱之前，我要提出一些追隨祈禱之路的人必須具備的條件。這是如此的必要，甚至，既使不是非常默觀的人，她們[28]也能在事奉天主上突飛猛進。除非具備這些條件，她們也不可能成為很默觀的人，如果她們自認為是默觀祈禱者，那是極大的自欺。願天主賜我恩寵，助佑我，願祂教導我該說的，因為這全是為了祂的光榮，阿們！我的朋友和姐妹們，不要以為我會吩咐你們許多事。……我要闡明的只是三個德行，……懷有這三個德行，為擁有上主特別賜予的內在和外在的平安，都很有幫助，明白瞭解這一點是很重要的。我所說的三個德行的第一個，是彼此相愛；第二個是超脫一切受造；第三個是真正的謙虛。雖然我最後才說到謙虛，但它卻是最重要的，且包含其它一切德行。」（《全德》4・3－4）

28. 《全德之路》是聖女寫給新建立的聖若瑟修院的修女們的，原文修飾人的形容詞都採用了陰性形式，所以這裏也選用她們。實際上，聖女提出的學習祈禱之路所需要的這三個德行為所有人都是很重要的。

決心與承諾

「如果新娘領受了新郎的許多珍貴珠寶，竟連一個戒指又不肯給他，這還能算是新娘嗎？倒不是因為戒指的價值，本來所有一切就全是他的，之所以給出戒指，作為信物，是表示至死屬於他。那麼，這位上主是多麼不受重視，竟至於被我們愚弄，連給了祂一點兒算不了什麼的東西，還要再索回嗎？然而，我們已決心給祂這一丁點兒的時間，——這些時間我們常用在自己身上，或用在不會為此而感謝我們的人身上——，既然願意給祂那一會兒時間，就要全心地給出，讓思想自由無礙，不再掛念其它的事物。我們要懷著徹底的決心，不論我們要承受什麼磨難、衝突或乾枯，也絕不再向祂索回；要把時間看成是不屬於我的東西，而且當我不願意完全給出時，祂理當可以向我要求。」（《全德》23・2）

攝於西班牙亞味拉降生隱院，聖女大德蘭所在的隱修院。

服務的渴望

「請記得，總得有人來準備飲食，並要認為，能和瑪爾大一同服事是很有福的。你們要細察，真正的謙虛是非常認真地隨時待命，無論上主願意如何處置都會很滿意，況且謙虛者總是認為，自己不配稱作是祂的僕人。如果默觀、心禱和口禱、醫治病患、幫忙家務雜事，——甚至最卑下的工作——，全都是服事嘉賓，祂來到我們中間，和我們在一起，同食共飲、散心娛樂，而我們以這種或那種方式服事祂，又有什麼差別呢？我不是說，我們要有所保留，反倒是什麼都要嘗試，因為不是說我們要選擇什麼，而是要看上主的意願。再者，如果多年後，祂願意每人各有其職務，要是你們也願意選此職務，這將是很好的謙虛。就讓這會院的上主來處理吧，祂是智者，是全能的，祂明白什麼為你們合適，也知道什麼為祂合適。你們要確信，如果你們竭盡所能，以前面所說的全德為默觀做準備，而如果祂仍不賜給你們默觀（我相信，如果真有謙虛和超脫，祂不會不賜給的），祂必會為你們保留這禮物，等到了天堂一起賞給你們，——如我前面所說的——，祂願意引導你們，彷佛你們都是強者，在今世賜給你們十字架，這是至尊陛下一直也都有的。祂之渴望於你們的，也正是祂所渴望於自己的，還能有比這更好的友誼嗎？」（《全德》17・6－7）

真正的友誼

「如果你們想成為好親友，這才算得上是真正的朋友。如果是做好朋友，要知道，除非經過這條道路，別無可能。讓真理存留在你們心中，就像你們修行默想一般，你們會清楚地看見，我們對近人應有的愛。」（《全德》20・4）

翕合主旨

「至高的全德，顯然不在於內在的恩賜，也不在於崇高的神魂超拔，不在於神視，也不在於預言的神恩，而在於我們的意志完全地翕合主旨，凡我們知道祂所願意的，我們無不以全部的意志去渴望，無論愉悅或痛苦，我們都非常喜樂地接受，只要知道是至尊陛下所渴望的。這似乎是非常困難的，難的不是做事，而是我們高興地使我們的意志，完完全全的相反我們的本性；這樣做確實真的很難。不過，愛，會有這個力量，如果愛是成全的，我們會忘記自己的快樂，來讓我們所愛的人高興滿意。真的是這樣，既使是最大的磨難，但我們知道是為了取悅天主，也會使我們甘之如飴。已經達到此境的人，他們就是這樣地去承受迫害、羞辱和傷害。」（《建院》5．10）

培養內在的平安

「如果有時候跌到了，你們不要沮喪失望，就不再力求上進了。天主從這個失足中，將會取出善來；就像賣解毒藥[29]的人，為了驗證藥效是否好，要先喝一點兒毒藥。當我們無法在別的事上看到自己的可憐，還有浪費生命所給我們造成的大傷害時，而這個所經歷的戰爭，卻讓我們再重新收心斂神，足矣！我們在自己家裏，感到不自在，還有比這更糟糕的事嗎？如果我們無法在自己內找到寧靜，還能

29. 是一種催吐劑。

有什麼希望在別的事上找到呢？然而，就像我們的官能，這麼偉大又真實的朋友與親人，即使我們不願意，也得常常和他們生活在一起。這些官能好像總是給我們引起鬥爭，因為這是我們的惡習加給它們的。我的修女們，主說過，平安！平安！且多次溫和地說給祂的宗徒們。不過，請你們相信我，如果我們在自己家裏沒有、也不努力尋找平安，我們更無法在外頭找得到。讓這個戰爭結束吧！藉著祂為我們傾流的寶血，我請求那些尚未開始進入自己之內的人，要開始這麼做；至於已進入的人，僅僅讓他們回頭是不夠的。他們要明白，重蹈覆轍比失足更糟糕；他們已看到自己的喪亡。他們要信賴天主的仁慈，完全不仗恃自己，這樣才會看見，至尊陛下將怎樣帶領他們從一重住所到另一重住所，帶領他們進入安全之地。在那裏，猛獸碰觸不到他們，也不能使他們疲累，他們反而會征服這些猛獸，並使其希望落空。他們會享有超多的福佑，超過人所渴望的，我是說，甚至在今世就能享有。」（《城堡》2・1・9）

實踐對近人的愛

「當我看到一些靈魂在非常努力地瞭解她們所擁有的祈禱，並且當她們處於其中時，她們愁眉苦臉，好似一動都不敢動，連思想也不敢稍有轉移，好為了不失去那一點點的甜蜜和僅有的熱心，這使我明白，她們多麼不懂這條達到結合的道路，她們以為事情的關鍵全在於此。不是的，修女們！不是這樣的；上主要的是行動！如果看見一位患病的修女，能減輕她的一些病苦的話，你要同情她，而不要擔心會失去這個熱心；如果她受苦，你也要與她感同身受；需要的話，你要為她守齋，因為她要有東西吃；這不是為了她，就像你所知道的，那是你的上主所想要的。此乃真正的與祂的旨意結合，如果你看見一個人受讚美，你要因之而歡喜萬分，好像是自己受讚美。真的是這樣，如果有謙虛的話，這是容易做到的，看到自己受讚美，反而會覺得難受。然而，若修女們的德行被顯揚，因之而來的欣喜是極好的事；如果看見她們有些過失，我們要感到如同自己犯過一般，且要為她掩飾

過錯。」（《城堡》5・3・11）

總是因愛而工作

「總之，我的修女們，我的結論是，我們不要建造沒有地基的塔，上主不那麼看重工作是否宏偉，祂看的是工作時所懷有的愛；因為我們力所能及地去做，至尊陛下會使我們能夠做得越來越多，好像我們也不會很快就疲累，而在今世生命延續的短暫片刻，——或許比每個人所想的更短——，我們要以內在和外在的方式獻給上主，我們所能做到的犧牲，至尊陛下會使之和祂的犧牲連接，即祂在十字架上，為我們而獻於聖父的犧牲，好使我們以善意得來的功勞有價值，儘管所做的是些很微小的工作。」（《城堡》7・4・15）

5

德蘭式的祈禱

就像我們在以上幾章所看到的，聖女大德蘭，除了是一位祈禱的女性外，她還很有意識地活出了天主在她生命中的臨在，無論何時，祈禱都會很自然的在她的筆下湧出。在她的這些著作中，我們不斷地讀到她祈禱的方式，在朝向天主的路上，她的祈禱方式是如此的個人化、如此的豐富。

從她的著作中，我們選出了下列禱詞，在這些祈禱中，大德蘭沒有從理論上探討闡述，而是讓我們發現了她和天主所保持的熟悉、密切和信任的來往。我們把這些祈禱分成不同的專題，並給它們一個引導性的標題，儘管我們知道，每個祈禱的內容實際上要更廣泛得多。

這對我們會有所幫助，一方面，讓我們以經驗的方式來發現大德蘭祈禱的風格；另一方面，讀者可以把這些祈禱化為自己的祈禱，盡力來感受大德蘭祈禱時的感覺。

認識到天主的愛

在主內尋找自己

靈魂啊，
請在我內尋找你，
也在你內尋找我。

靈魂啊，
是愛情，以此妙法，
在我內刻畫了你，
沒有一位傑出的畫家，
會如此精細微妙地，
繪製出這樣的肖像。

你因愛而受造，
美麗又光耀，
如此地，深置於我內心深處，
如果你迷失了自己，我的愛人，
請在我內尋找你。

我知道，你會找到自己，
你就在我的心裏，
如此生動地映出，
若你看到了，定會欣喜，
如此靚麗的你。

若你不知道，
在哪裏可與我相遇，

切不要四處尋覓，
而是，但如果若想找到我，
進入你內，就能與我相遇。

因為，你是我的憩息地，
家宅與住所，
如發覺在你內，
心門關閉，
我要隨時叩擊。

在你以外，不要尋找我，
因為想要遇到我，
呼喚我，足矣，
我會即刻走向你，
與我相遇，就在你內。

在西班牙亞味拉降生隱院一角，重現小耶穌遇見德蘭的場景。

（《詩集》8）

上主，請幫助我們認識祢

「哦，上主，我的真天主！誰不認識祢，就不會愛祢。哦，這是多麼偉大的真理啊！主啊，那些不願意認識祢的人，該有多後悔難過啊！死亡的時刻是一件恐懼的事情。唉，我的造物主，在祢施行公義的日子，將是多麼可怕啊！我的基督，我好多次想到，對那愛祢的人，祢的雙眼流露出如此的甘飴和喜樂；主，我的幸福，祢願意以愛來注視。我認為，這麼溫柔的注視，對那些祢擁有的靈魂，只要一次，就足以獎賞她們多年的服事了。哦，我的天哪，上主是如此的溫和，只有經驗過的人，才可以明白，那些還沒有此認識的，是多麼難以理解啊！」（《呼聲》14・1）

雖然我不忠信

「啊！我的至高美善與靜息！到現在，祢已給了我這麼多的恩惠，以祢的慈悲憐憫、崇高偉大引領我，經過如此之多的迂回道路，達到這麼安全的境況，進入了有許多天主忠僕的修院，讓我可以效法她們，以增加對祢的服事！當我記起所誓發的聖願，我定下的大決心，那隨之而來的幸福，還有與祢相諧的婚約之時，我不知道在這裏該怎樣度日。談及這事，我不能不流淚，即使流下的是血淚、即使淚水使我心碎，這些情感都不能彌補後來我對祢的冒犯。我認為，現在我不想有很大的體面，這是合理的，因為我未加善用。然而，我的主，祢好像願意成為被冒犯者，——因為幾乎二十年之久，我沒有善用這個恩惠——，為的是使我有所改善。我的天主！好像我除了承諾不守我對祢的諾言之外，什麼也沒做。雖然這不是我當時的心意。不過，我看後來我的行為正是這樣，我不知道自己當時用意何在，但至少可以看出來，我的淨配，祢是誰、我又是誰了。的確，確實如此，許多次我對自己的大罪略感得以釋懷，因為，因著這些，可以使他人領悟到祢的豐厚慈愛。」（《自傳》4・3）

天主對我們無條件的愛

「我的天主，我思想著，對那些恆心承行祢旨意的人們，祢給予他們光榮；這些光榮，乃是祢的聖子，受盡千辛萬苦所賺得的；我們是多麼的不配領受，祢費盡心血教導我們去愛，而我們對這份大愛卻沒有感恩回報，想到這些，我的靈魂就悲痛至極。主，怎麼會這樣啊？這一切全被忘記了，當人類得罪祢時，他們是如此的忘恩負義。哦，我的救主，其實他們是真的遺忘了自己！但祢的仁慈是這麼的宏偉，即使在那時，祢也會記得我們，我們的墮落，是對祢致命的抨擊，但祢卻將此忘記，再次向我們伸出援手，並讓我們從這無可救藥的狂亂中清醒過來，好使我們向祢祈求，並獲得救援！願偉大的上主受讚美，願祂無限的仁慈受讚頌，願祂的寬仁憐憫永受頌揚！」（《呼聲》3・1）

祂愛的標記如此之多

「誰能述說，從天主得到這麼許多恩惠之後，至尊陛下開始賜給我德行，使之喚醒我事奉祂之後，在看見我自己幾乎一命嗚呼，又處在會受懲罰的嚴重危險中之後，在身體和靈魂得蒙復蘇，使所有看見我的人都驚奇見到我還活著之後，我竟這麼快就跌倒了！我的主啊！這是什麼事兒啊！難道我們必須度如此危險的生命嗎？走筆至此，我覺得，有祢的恩惠，借著祢的仁慈，我能像聖保祿一樣說：——雖然我還不像他那樣成全——，我生活已不是我生活，而是祢，我的創主，在我內生活[30]。實在，按照我所能瞭解的，幾年來，祢以祢的手扶持我，我在自己內看到渴望與決心，不做任何違背祢聖意的事，無論事情多麼微小。這些年來，有許多事情，透過經驗，以某些方法可得到證實，儘管我必定又不自知地冒犯了祢很多。而且，我還認為，為了祢的愛所做的工作，我總是以很大的決心去完成，其實在某些事上，祢已幫助我付諸實行。我不想要世俗，或有關世俗的事物，我覺

30. 參閱：《迦拉達人書》二章 20 節。

得，沒有什麼東西會使我高興，除非是從祢而來的，其餘的我都視之為沉重的十字架。」（《自傳》6．9）

害怕遠離天主

「我很可能是自欺，恐怕我還並不如像我所說的那樣；但是，我的主，祢看得很清楚，按照我所能瞭解的，我沒有說謊，我害怕，——有許多理由——，祢會再次捨棄我；因為我清楚的知道，如果不是祢常常施恩助佑我，使我不致遠離祢，依我的力量和微小德行是做不到的。惟願至尊陛下，即使我自慚形穢，現在仍不會被祢拋棄。我不明白，既然一切都這麼變化無常，怎麼我們都還想活在此世？我主，我覺得完全地拋棄祢是不可能的；就像我那麼多次地捨棄祢，我不能不擔心害怕。因為祢稍微離開我一點兒，我就完全跌落在地。願祢永遠受讚美！雖然我曾遠離了祢，祢卻沒有完全捨棄我，沒有不伸出祢的手，拉我再站起來。上主，多少次，我並不想這樣，也不想去瞭解，祢是那麼多次地、一再地召喚我……。」（《自傳》6．9）

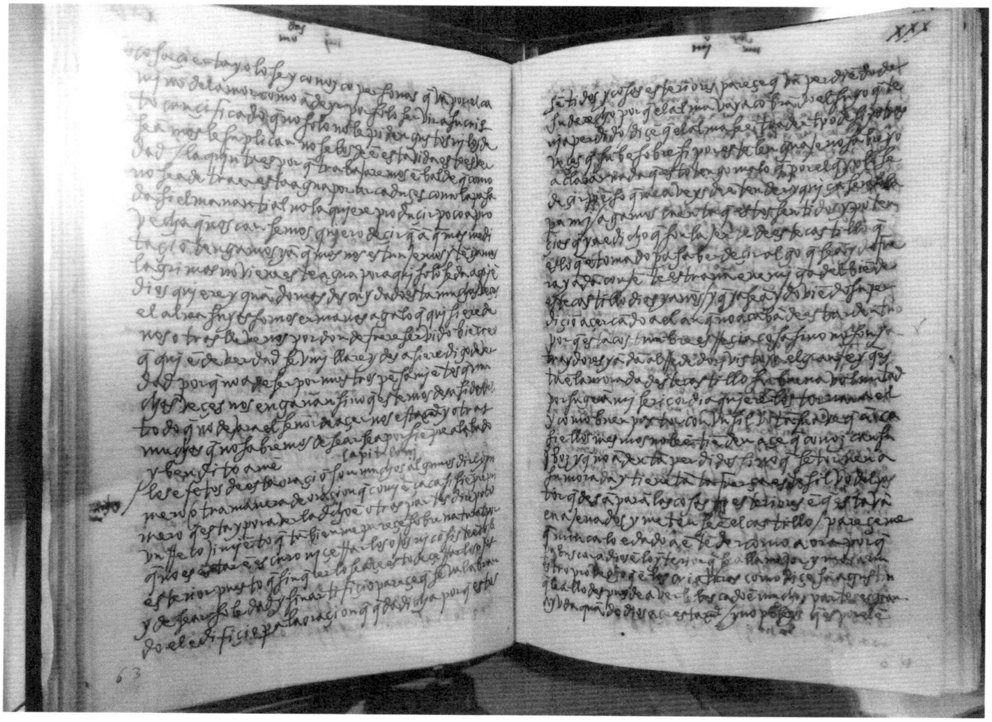

《聖女大德蘭的靈心城堡》原本。
攝於塞維亞隱院。

驚訝於祢的愛

「啊，我的上主，我的君王！現在有誰會呈現祢所擁有的威嚴呢！人們不能不承認，祢本身就是偉大的君王，看到這個威嚴便令人不勝惶恐；然而，我的主，當人們看到祢把自己的謙虛與愛，顯示給一個像我這樣的人，是更加令人驚怕的。雖然如此，當因目睹祢的威嚴所有的最初的驚恐與害怕過去之後，我們便能與祢自由來往、並暢所欲言地交談了，同時也更加不願冒犯祢，但不再是因為害怕懲罰，因為，我主，比起失去祢，懲罰實在算不了什麼。」（《自傳》37．6）

認識到祢的愛

「哦，我主，祢給了我們這麼多的恩賜，我們卻沒有好好善用！至尊陛下，祢總是尋找方式、想方設法地來展示祢對我們的愛；而我們，因為在愛祢方面太沒經驗，愛祢少得可憐；又由於我們沒有很好地操練，所以總是分心走意，想習慣想的事情，而沒有默思聖神所啟示的偉大奧跡。這需要什麼才能激發起我們對祂[31]的熱愛呢？又需要什麼才能意識到，祂並非無緣無故地厚待了我們。」（《沉思》1．4）

在服務中愛天主

「我主，很多次，我會想，如果沒了祢，假如還有能支撐人活著的，那只能是靜獨了，這樣靈魂可以在祢的安謐中憩息；因為靈魂無法享受完全的自由，這導致痛苦往往又成了雙倍的；因為，靈魂必須得與受造物交接往來，這樣靈魂不能和她的造物主單獨相處，而靈魂又是樂於和祂在一起的。可是，我的天主，這到底是怎麼回事兒？其它的都會讓靈魂疲累，因為靈魂只想取悅於祢。哦，天主大能的愛，這份愛的功效和世界之愛的功效是多麼的不同啊！世上的愛不喜歡友伴分享，因為它覺得那會減少它所擁有的；而我天主的愛，當分享的人越多時，這份愛反而越會增長；這樣，當看到人們不享受這個好

31. 在同一段落中，大德蘭開始是和天主對話，後來又在和讀者講話。這也是聖女著書講話的風格之一，瞭解這一點很重要，尤其是在讀其原文時，會很好明白聖女的意思。

處，靈魂的喜樂也因此而減少。哦，我的萬有，和祢在一起，靈魂得到了最大的喜樂和恩惠，但是，她又記起另外許許多多的靈魂，她們不想要這份喜樂，甚至還有些人永遠丟失了這個幸福，這真是個遺憾啊！因此，靈魂樂於放下自己所享受的欣喜，去設法尋求另外的伴侶，好讓其他人也能享有此幸福！」（《呼聲》2．1）

祈禱就是愛

我的天主，
如果祢對我的愛情，
就像我對祢的那樣[32]，
請告訴我，是什麼使我躊躇不前？
或是，還有什麼是祢不能做的呢？
—靈魂啊，你想讓我為你做什麼？
—我的天主啊，除與祢相見，我別無他求。

32. 聖女大德蘭在這兩句所講的，是從她自己對愛的認知和對愛的經驗為出發點的；所以不需要從神學的角度去試想：我們對天主的愛，應該像天主對我們的愛那樣，因為天主對我們的愛更大。

—那，什麼是你所害怕的？
—我最害怕的，是失去祢。

在天主內憩息的靈魂，
除了去愛，更多地去愛，
還渴望什麼？
在愛中，已包含了一切，
你要重新再去愛嗎？

請求祢，讓愛占據我，
我的天主，讓我的靈魂擁有祢，
在祢認為最適合之處，
築一甜蜜的窩巢。

（《詩集》4）

有愛的心靈是有福的

有愛的心靈是有福的，
它的思想只置於天主之內；
為了祂，摒棄世間萬物，
在祂內尋獲榮耀與滿足。
他不再關照自己的生活，
因為心心念念都在天主內，
這樣，才有快樂、幸福無比，
儘管在這滔滔世海的波浪中。

（《詩集》5）

信賴的祈禱

唯主足矣

不為世故慌亂；
不因塵事忌憚；
一切過眼雲煙；
天主永恆不變，
忍耐獲得一切。
擁有天主之人，
什麼都不缺欠。
唯有主是滿足。
（《詩集》9）

在天主內我有一切

「哦，我的天主，誰能有悟性、學識和新的言語，用來讚揚祢的化工，如同我的靈魂所瞭解的程度一樣！我主，我什麼都沒有；但如果祢不遺棄我，我就不會失去祢的。即使一切的博學者都起來反對我，一切受造物都迫害我，魔鬼也折磨我；主，請祢不要捨棄我，因為，唯獨信賴祢的人，會贏得很大的利益，我對此已有此經驗。」

（《自傳》25．17）

祢是我生命的意義

「哦，生命啊，生命！缺乏了天主這個生命，你的生命又怎能維持呢？在如此的孤獨中，你都做什麼？你所做的一切都有欠缺、又不完美，你還能做什麼？我的靈魂哪，在這滔滔世海的風暴中，什麼是你的安慰？我為我自己感到遺憾，更為自己那不懂得遺憾的時光而感到悲哀。哦，上主啊，祢的道路是多麼的平坦！然而，誰能夠無懼而行呢？我害怕我不是為事奉祢而活著，當我設法服事祢時，我所做的事情，沒有一件令我滿意的，一點兒也不能償還我所虧欠祢的。我覺得，我願意用生命來服事祢，但一想到自己的可憐，我就明白了，如果祢不給予我，什麼善事我也不能做。」（《呼聲》1．1）

祢讓一切成為可能

「哦，我的上主！祢是全能的，這是多麼明顯的啊！祢所願意的事，無須探尋理由，因為所有超越本性理由的事，祢都使之成為可能的，也借此讓我們明白，除了真實地愛祢，為祢徹底放棄一切，其它再不需要什麼了，這樣，好讓祢，我的上主，使一切都輕而易舉。在此可以說：在祢的要求中，看起來好似很艱辛；上主，我這樣說，是因為我看不到，也不知道，導向祢的道路能是怎樣的狹窄。我所看到的是一條皇家御道，而非窄路，為那些真心走這條路的人，這更是一條安全的道路；這裏沒有險要隘口，沒有易於失足的岩崖，而這些都是使人跌跤的機會。那些曲徑和羊腸小徑，我稱它們才是窄路，因為

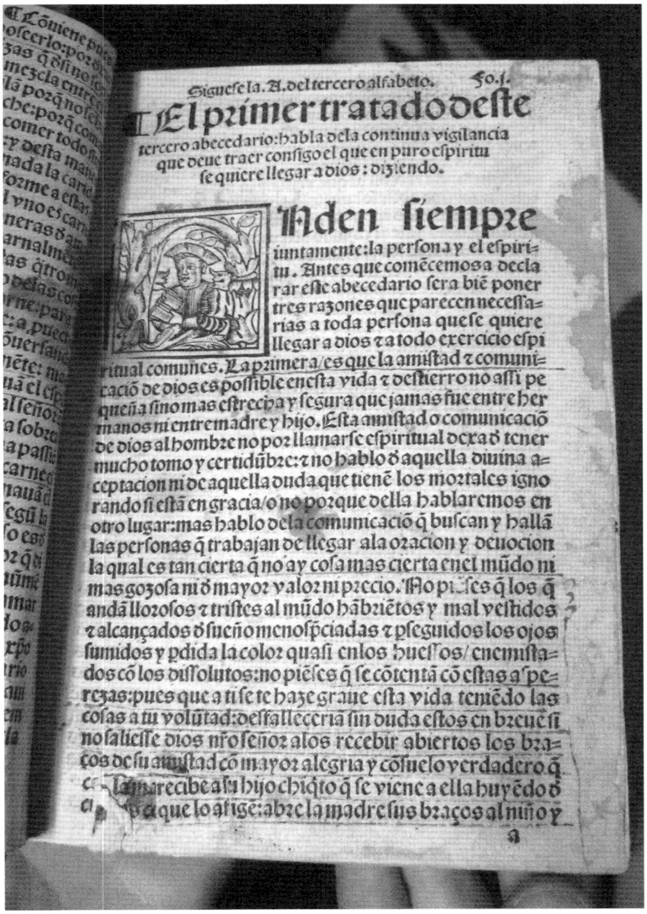

攝於西班牙亞味拉聖若瑟隱院。

一邊是會使靈魂失足的深谷，另一邊則是斷崖絕壁，只要人一不小心，就會掉落懸崖，摔個粉身碎骨。」（《自傳》35．13）

信賴天主的能力

「哦，上主啊！我承認祢的大能。如果祢是全能的，並且祢也真是如此，那麼，對於一切皆都可能的祢來說，還有什麼是不可能的呢？祢願意吧，我主，祢願意就好，雖然我很可憐，但我堅信，祢能成就祢所願意的一切；再說，我已經聽過祢所做的那些奇跡妙事，我認為，祢還能夠再做更多，好讓我的信德更堅固，更確信祢會做一切的。那麼，面對全能者所做的一切，還有什麼是可驚奇的呢？我的天主，祢清楚知道，在我所有的可憐中，我從來沒有過不相信祢的能力和仁慈。我的上主啊，在這一點上我沒有冒犯過祢。我的天主，今日，還有未來，給我祢的恩寵，好尋回失去的時光，以便使我穿上婚宴的禮服出現在祢面前，因為祢若願意，就可以成全。」（《呼聲》4．2）

上主的道路

「凡真正愛祢——我的美善，安全地行走在寬敞的皇家大道上，他遠離懸崖峭壁。他一開始跌跤，上主，祢就立即向他伸出援手。如果他愛祢，而不愛世上的東西，一次、甚至多次的跌倒也不致使他喪亡。他行走在謙虛的山谷中。我不明白，是什麼使人害怕走上成全的道路。願上主，因祂是上主，讓我們明瞭，追隨大眾，隨波逐流，在這顯明的危險中，是多麼的不安全；真正的安全，則在於努力在天主的道路上前進。雙眼要注視著祂，不要怕正義的太陽會落下，如果我們不離棄祂，祂必不會容許我們走在夜裏，讓我們迷失。」（《自傳》35．14）

相信自己已被拯救

「那些已被記入生命冊上的人是有福的。但是你，我的靈魂，如果你也在其中，為什麼要悲傷？為什麼要使我不安呢？期望於天主

攝於西班牙梅地納隱院。

吧，甚至現在，我還要向祂承認我的罪過、宣揚祂的慈悲。我要以永不停止的歎息，將讚美之歌，上達於救主、我的天主。當有一天，我的光榮向祂謳歌時，我的內心不再悲傷，所有的歎息與害怕都將終止；並且，我的力量就在於寧靜與希望之中。我寧可在奮鬥與盼望永生中生死，也不願為擁有萬物與其財產而活，因萬物終將歸於泯滅。上主，請不要離棄我，因為我期待於祢，但願我的希望沒有混淆；願我能永遠服事祢，請在我身上成就祢所願意的吧。」（《呼聲》17・6）

信賴天主的美好

哦，我的萬美，
遠勝世間所有的美麗！
祢以無傷之痛，
以無痛之愛，
使人超脫，對受造物的愛。

哦，祢如此結合了，
截然不同的兩者，
我竟然不懂，
此有力的銜接，
原是為人之益。

哦，祢將本屬之虛無，
與永恆存有相連接，
止於今生，繼於永恆，
祢愛了本不該所愛的，
使虛無蛻變為偉大。

（《詩集》6）

祈禱時該求什麼？

請教我們祈求

「祢說過：凡勞苦和負重擔的，你們都到我跟前來，我要使你們安息[33]。上主，我們還希求什麼？還有什麼可求的呢？我們還在尋找什麼呢？為什麼世人為了尋求安息，反而卻迷失了呢？哦，我的天哪！主，這是怎麼回事？哦，太遺憾了！哦，我們在不可能找到祢的地方去尋找祢，這是多麼的盲目！造物主，可憐祢的這些受造物吧。祢看，我們不了解自己，甚至連自己渴望什麼我們都不知道，連該祈求什麼都不會。上主，請給我們光吧；祢看，我們比生來瞎眼的人更需要光，生來瞎眼的人渴望見到光，然而卻不能；如今，上主，我們是不想看到祢的光。哦！這是多麼的不可救藥啊！我的天主，在此，祢必須顯示祢的大能；在此，祢要展現祢的仁慈。」—（《呼聲》8・2）

攝於西班牙亞味拉降生隱院。

鼓舞所有的人來尋求祈禱的好處

「啊！無限仁慈的天主，我是這樣來瞭解祢和看我自己的。哦，有福的人啊，當我發覺到這一點，我真渴望為了愛祢而完全焚化了我自己！祢忍受那折磨祢的人，和他在一起，真的是讓祢受了很多的苦！哦，我的上主啊！祢是多麼好的朋友啊！祢如此地施恩於他、並且對他加以容忍，祢希望他相符於祢的身份，同時，祢又得降心相從！我主，祢留意他愛祢的短暫時刻，並且因著些微的悔改，祢就忘掉他對祢的冒犯。我自己清楚地看到這些，造物主啊！為什麼世人不設法來獲致這份特別的友誼。惡人們雖不相稱祢的身份，但為了讓祢把他們變好，哪怕每天只兩個小時，只要他們願意祢和他們在一起就好；儘管他們的心還不在祢那裏，而是被成千個世俗的掛慮和思想所佔據著，如我往日所做。祢看到這些初學者，他們什麼都不能做，甚至後來也不會多做，但因著他們願意成為祢好友的這份努力，上主，祢阻止魔鬼攻擊他們，魔鬼反擊他們的力量越來越小，祢也恩賜他

33. 《瑪竇福音》十一章 28 節。

們克勝魔鬼的力量。是的，祢是一切生命的生命！祢不會讓任何依賴祢、並以祢為友的人喪亡；祢給予靈魂生命，並且，也賜予更多的健康來維持他們肉身的生命。」（《自傳》8．6）

祈禱是為了服事上主

「我的天主，若因祢的仁慈，將祢的喜樂賜給我的靈魂，她會為這即將得到的喜樂而安憩。但首先，她要喜歡事奉祢，因為她的喜樂是祢借著服事而為她贏得的。我的天主，我該做什麼？我該做什麼呢？我的天主啊。哦，我這麼晚才燃起對祢的渴望，而祢早就召叫了我，給予我渴望，好讓我能夠服務於祢。上主，當可憐的乞丐或一個不幸的人想接近祢時，祢會不幫助他、甚或遠離他嗎？上主，祢的偉大和卓絕的工程難道會有終結嗎？哦，我的天主，我的仁慈！現在祢就能夠把這些顯示給祢的僕人啊！偉大的天主，祢是大能的。我的靈魂，如果她回顧所迷失的時光，再看祢又是怎樣及時助其挽回所流逝的光陰，她就應該頓開茅塞了。我這樣說，覺得像在說蠢話，因為常言道，光陰一去不復返。願我的天主受讚美！」（《呼聲》4．1）

為基督徒

「哦，基督徒們！是該保衛你們的君王、並在此孤寂中陪伴祂的時候了；隨侍在祂左右的僕人是何其少，而跟隨路濟弗爾[34]的人又是何其多！最糟糕的是，他們在人前表現像似祂的朋友，而暗中卻出賣祂。祂幾乎找不到能夠信賴的人。哦，上主，祢是真正的朋友，反而卻被出賣，這是多麼負恩的回報！哦，那些真正的基督徒們，協助你們的天主吧，別讓祂的眼淚白流，因為那珍貴的眼淚不只是為拉匝祿[35]，也是為其他不願重生之人而流的，至尊天主也召喚他們悔改。哦，我的至善，祢知道我對祢所犯下的錯誤，但願這些已經結束！主啊，希望我的過失、以及所有人的過錯全部都消失；也讓喪亡者都重生吧，祢的呼聲是如此的有威能，雖然他們沒有向祢祈求，但，我的天主，求祢賜給他們吧，好使他們將來也能享受祢豐盈的喜樂。」（《呼聲》10．2）

為救恩

「哦，我的主啊！看到祢已決心要拯救我，那麼，懇求至尊陛下，使之實現吧。既然祢已經賜我這麼多恩惠，那麼，為什麼祢不使祢常常居住的寓所，不這樣汙穢不堪呢？這不是為了我的益處，而實在是為了對祢的崇敬。上主啊！說及此事甚至也使我難過，因為我知道，一切的過錯全是我的；我不知道祢還能再多做些什麼，好使我從這個年紀起，就完全歸屬於祢。」（《自傳》1・8）

為他人的皈依

「哦，上主，我的天主！我為那從前那沒有瞭解祢真理的光陰而痛哭；我的天主啊，祢知道，在看到有那麼多不願意瞭解此真理的人，我真的很痛苦。我現在懇求祢，肯賜光照，光照一個靈魂，哪怕只是一個靈魂，使她獲得祢的光明，好讓她能夠光照其他更多的人。上主，祢這樣做，不是因著我，因為我不值得，而是因著祢聖子的功

---

34. 路濟弗爾或譯為路西法，出現在《依撒意亞先知書》十四章 12 節。
35. 參閱：《若望福音》十一章 35－43 節。

攝於西班牙亞味拉降生隱院。

勞。主，請看祂的聖傷，祂原諒了那迫害祂的人們，求祢也寬恕我們吧。」（《呼聲》11．3）

為那些不愛天主的人

「哦，我的真天主啊，我祈求祢的事是多麼的困難，求祢愛那不愛祢的人，給那些不敲門的人開門，給予那些甘心處於病患中、且四處求病的人健康！我的上主，祢告訴過我們，祢來是為尋找罪人，主啊，這些人就是真正的罪人。我的天主，請不要看我們的盲目，而要看祢的聖子為我們所傾流的寶血。願祢的仁慈光照這無盡的罪惡；主，請看，我們是祢的受造物，請以祢的良善與仁慈保佑我們吧。」（《呼聲》8．3）

為耶穌的光榮

「我的造物主啊，祢不是不講恩義的，我相信，祢定會垂允他們的祈求。上主，當祢在世上的時候，祢並沒有嫌棄婦女們，反倒是常常滿懷憐憫幫助她們。當我們向祢祈求榮譽、定期收入、金錢或世俗的利益時，請不要俯允我們；但是，當我們祈求祢聖子的光榮時，祂不惜為祢犧牲了一切的榮譽和全部的生命，永恆的聖父，祢能不俯聽我們嗎？上主，不要因著我們，我們確實不堪當，但因著祢聖子的聖血和功勞，請俯聽我們吧。」（《全德》3・7）

因耶穌的名

「哦，天主聖子，我的主啊！祢怎麼在〈天主經〉的一開始，就給予我們這麼多恩典呢？祢屈尊就卑、貶抑自己到如此至極的地步，祢還親自和我們一起祈求，來做我們這可卑可賤的受造物的長兄；祢怎麼竟以祢天父的名，賜給我們祢所能給予的一切呢？因為祢願意祂把我們當兒女，而祢的話是絕不會落空的。祢迫使祂實現祢的話，這實在不是一個小的負荷，因為身為父親，無論我們對祂有多麼嚴重的冒犯，祂都得要忍受。如果我們回頭歸向祂，如同浪子那般，祂必定會寬恕我們，在磨難中，祂也必定會安慰我們，祂既然是這樣的一位

聖女大德蘭在降生隱院二十七年寢室的鑰匙。

好父親，也一定掌管養育我們，祂必須得比世上所有的父親們更好，因為在祂內，再無需多做什麼，一切都圓滿實現了；除此之外，祂還更讓我們分享一切，和祢一起，成為同繼承者。」（《全德》27．2）

為天父的光榮

「請看，我的上主，因著祢的謙遜和對我們的愛，沒什麼能夠阻止祢；所以，主啊，祢來到人間，取了人性，因而具有了我們的本性，彷佛這就有了充足的理由，好來關心我們的益處；但是，請看祢在天上的父親，如祢說過的，關注祂的光榮也是合乎情理的。祢已奉獻了自己，為我們捨棄了天上的榮耀，請不要再讓祢的天父也這樣做了；不要為了像我這麼卑劣的人，去太多的勉強祂，我對祂已是非常的忘恩負義了。好耶穌啊！祢這麼清楚地表示出祢和祂的合一，祢的意志就是祂的，而祂的意志也是祢的！我的上主，祢的宣告是多麼的清楚！祢對我們所懷的愛是多麼的大！祢瞞住了魔鬼，不讓牠知道祢是天主子，但祢卻極度渴望我們享有這個益處，什麼也沒能阻礙祢，好使我們得到了這個崇高的恩惠。上主，除了祢，還有誰會這麼做呢？我不明白，在這句禱詞中，魔鬼怎麼還沒有清楚認識到祢是誰。我的耶穌，至少我看到，為了祢，也為了我們，祢以鍾愛之子的身份講話；祢是大能的，好讓祢在世上所說的，在天上都要實現。我的上主，願祢永遠受讚美，祢是如此的喜歡施恩，但願祢的慈恩暢流無阻。」（《全德》27・3－4）

向天主聖三

「哦，我的靈魂啊，你想想看，在聖三內，父認識子，子認識父，聖神又以愛火與父子結合，這該是怎樣大的喜樂與愛情！而且其中任何一位都不能與此相愛與認知分離，因為祂們是一體，是一個天主。至尊的天主聖三，彼此認知，彼此相愛，彼此取悅。既然如此，那麼，我的天主，我的愛還有什麼用處呢？祢為什麼還要尋覓我的愛呢？這為祢還會有什麼益處呢？哦，上主，願祢受讚美！願祢永受讚美！願一切受造物頌揚祢，永無窮之世，上主，在祢內永無終結。」

（《呼聲》7・2）

願祢的旨意承行

「我的上主啊！祢不以我這薄弱的意志，取決祢意志的實現，這對我來說是個多麼大的欣慰！願祢永受讚美，願萬有都稱頌祢！願祢的名永受顯揚！上主，如果祢的旨意奉行與否，係取決於我，那我必須得很好才行。雖然有時仍會尋求私利，但是，現在，我自由地呈獻給祢我的意志；因為我已經證實，也對此大有經驗，自由地把我的意志結合於祢的意志內，會有怎樣的收穫。」（《全德》32・4）

按照天主的旨意而生活

「哦，我的天主，我的無限上智，祢的智慧無量無邊，且超越一切天使與人類的聰明才智！哦，我的摯愛，祢愛我遠勝於我對自己所能有的愛，也遠超過我所能理解的！主，為什麼我還要渴求更多，竟然超過祢所願意給予我的呢？為什麼我還耗盡自己，來向祢祈求我的

攝於西班牙亞味拉聖若瑟隱院。

欲望所想要的事物？所有我理智能想到的，我所渴求的，祢都早已知道它們的結局，而我卻不懂得怎樣從中受益。在這樣的事情中，我的靈魂想要尋獲的，也許將是一場落空。因為，如果我乞求祢把我從這考驗中救出，而該考驗就是我苦修的目的，我的天主，那我求的是什麼啊？如果我懇求祢賜給我那個考驗，可能我也受不了，因為我的耐心仍很脆弱，不能承受這麼大的打擊；如果我忍受其苦，內心又不夠謙遜，我就會以為自己成就了某事，然而，我的天主，其實是祢做了一切。如果我想受些苦，哪怕是失去榮譽，（雖然我自己也沒有什麼榮譽感），但卻不願對祢的事奉有所不適；也會有可能是，在我以為要喪失榮譽的事情上，更可獲得我正尋覓的，那就是事奉祢。」（《呼聲》17・1）

我為祢而生

我是祢的，為祢而生，
祢要我做什麼？

至高至尊陛下，
永恆的智慧，
寬仁善待我的靈魂；
崇高卓絕、獨一無二、仁厚善良的天主，
請看這至極卑微，
向祢詠唱她的愛：
祢要我做什麼？

我是祢的，因為祢造生了我，
我是祢的，因為祢救贖了我，

攝於西班牙梅地納隱院。

我是祢的，因為祢認識了我，
我是祢的，因為祢召喚了我，
我是祢的，因為祢等候了我，
我是祢的，因為沒讓我喪亡：
祢要我做什麼？

良善的主，祢要我做什麼？
要卑微的受造物做什麼？
讓罪奴所做的是什麼工作？
看著我，甜蜜的愛，
甜蜜的愛，請看著我：
祢要我做什麼？

請看，我把我的心、
身體、生命和靈魂，

五內和愛情，
放在祢的手掌上；
甜美的淨配和救贖主，
我向祢奉獻自己：
祢要我做什麼？

請賜我死亡或生命，
健康或疾病，
榮譽或恥辱，
戰爭或深邃的平安，
軟弱或堅定的力量，
對這一切，我都說好：
祢要我做什麼？

請賜我財富或貧乏，

安慰或悲傷，
地獄或天堂，
甘飴的生命，未遮面紗的陽光，
我已完全臣服：
祢要我做什麼？

如祢願意，請賜神慰，
如不然，乾枯乏味，
請給豐盈和虔敬，
要麼，荒蕪不毛，
至高至尊陛下，
我只在祢內找到平安：
祢要我做什麼？

請賜我智慧，

或因愛，給我無知，
請給富饒的歲月，
或給饑餓和匱乏的時節，
給我黑暗或晴空，
隨祢要我這裏或那兒：
祢要我做什麼？

如祢願意我休息，
為了愛，我願意；
若祢命令我辛勞工作，
我願辛勞至死。
請說，在哪裏？怎麼做？什麼時候？
請說，甜蜜的愛，請告訴我：
祢要我做什麼？

請賜我加爾瓦略，或大博爾，
沙漠或富饒之地，
像痛苦中的約伯，
或憩息主懷的若望；
成為果實豐盈的葡萄園，
或是貧瘠不毛之地，如是這樣：
祢要我做什麼？

哪怕成為戴上鐐銬的若瑟，
或是做埃及宰相的若瑟，
遭受追殺的達味，
或是被高舉的達味，
被海水吞噬的約納，
或是得到自由的約納：
祢要我做什麼？

靜默或交談，
滿結果實或一無收穫，
律法揭露了傷口，
柔和的福音使我歡悅，
痛苦或歡欣，
只有祢住在我內：
祢要我做什麼？

我是祢的，為祢而生，
祢要我做什麼？
（《詩集》2）

祈求勇氣

「啊！偉大的天主！祢如此顯示祢的大能，竟然賜給一只螞蟻膽量！我的上主，為何那些愛祢的人，做不了大事，不是因為祢的緣故，而是出於我們的膽小和怯懦！因為我們從不堅心定志，反而充滿了人性成千的害怕和謹慎，就這樣，我的天主，使祢無法完成祢的奇跡和大事。有誰比祢更喜歡給予呢？如果有這樣的人，也不會為服務而不惜付出自己。願至尊陛下保佑，使我為祢做些什麼；除了回報所領受的許多恩惠，我也沒什麼可給予的了。阿們。」（《建院》2・7）

防止心硬

「哦，我的靈魂，你要永遠讚美這位偉大的天主！人們怎能還要反抗祂呢？唉，對那些忘恩負義的人，有什麼處罰不該降下呢？我的天主，請救助他們吧。世人之子啊，你們心硬、對抗這位溫柔的天主

攝於西班牙梅地納隱院。

要到幾時呢？這是怎麼回事兒呢？難道我們要一直作惡、相反天主嗎？不可能的，因為人的生命，如同田野間的花，必定很快結束；而童貞女之子就要來臨，實行可怕的審判。哦，全能的天主，無論我們願不願意，祢必要來審判我們，為什麼我們不把那時期看成是擁有祢、是祢樂意和我們在一起的時刻呢？這對我們來說才是重要的。再說，有誰不喜歡一位這麼公正的法官呢？在那個恐怖的時刻，能夠與祢一起享樂的人，是有福的！哦，我的天主，我的上主啊！祢所舉揚的人，他已認識到，為了獲得短暫的快樂而使自己迷失，是多麼的不幸；他下定決心，要永遠取悅於祢，求以祢的恩寵來幫助他；我靈魂的至善，因為對那些愛祢的人，祢不會轉面不顧，對那呼求祢的，祢也定會俯聽。上主，有什麼補救的方法呢？好使靈魂在此生結束後，不因失去領洗時的純潔、隨著乏善可陳的記憶同死。今生能有的絕佳生命狀態，就是要將這種心情長存於心。因為，靈魂如此溫柔地愛著祢，如何能夠忍受那麼巨大的痛苦呢？」（《呼聲》3．2）

祈求光照

「哦，我的上主啊！祢的助佑是必須的，沒有祢的幫助，人什麼也做不了。因祢的仁慈，請不要讓靈魂上當，而放棄那已經開始的一切。請祢光照靈魂，使她看到，在這城堡內，是怎樣地存有她所有的幸福，並使她遠離不良的伴侶。特別重要的是，她應該和城堡之內的人交往；不只是和那些與她處在同一居所的人們，而更要和那些居於城堡中心的人來往；因為這對她必大有助益，多和他們暢談，會帶領她一同進入更深的住所。靈魂要經常留意這個警告，不要被擊敗！」

（《城堡》2・1・6）

在我們的軟弱中

「哦，我的天父，我的希望，我的造物主，我的真主與長兄！當我思慮，當祢說到祢如何樂於與世人共處時，我的靈魂就萬分喜悅。哦，天地的主宰！這些話是多麼有安慰，如此一來，就沒有一個罪人

攝於西班牙梅地納隱院。

會失去信心！上主，莫非祢會缺少與祢共用喜悅的人，竟讓祢來尋找像我這樣的一只小臭蟲嗎？在基督受洗時，聽到有個聲音說，祢因祢的愛子而喜悅。上主，祢對待我們竟如同對待祢的聖子一樣嗎？哦，祢的仁慈何其偉大，祢所賜予的恩惠如此豐盈，我們怎能夠配得領受！我們這些有死的人，竟將之忘記的一乾二淨！我的天主，請記得，我們是如此的不幸，也請看顧我們的軟弱，因為祢是無所不知的。」（《呼聲》7．1）

祈求「自我」的死亡

「有死之人的智慧是多麼淺薄，他們的措施又是多麼無效啊！請以祢的智慧為我備下必要的方法，好使我的靈魂，不按照自己的意願，而是按照祢的意願，更多的來服事祢。如果不是祢的愛所渴望的（願祢愛永住我內），請不要懲罰我，——賜給我所喜歡或渴求的。希望這個自我快死掉吧，讓另一個更偉大、更好的我活在我內，好使我能夠服事祂。祂是生活的，並賜給我生命；祂是統治者，我是俘虜，因為我的靈魂不希求任何其它的自由。那遠離至尊陛下的人怎能成為自由的呢？靈魂脫離她造物主的手掌，還有比這更大、更悲慘的囚禁嗎？那些在天主仁慈恩惠的沉重枷鎖和鐐銬內，被囚禁、而不能自我釋放的人是有福的，這樣他們才能夠強大自由。愛情像死亡般強烈，如地獄般堅固。」（《呼聲》17．3）

感恩的行為

「哦，我的上主，祢真好啊！願祢永遠受讚美！願萬有都讚美祢，我的天主！因為祢一直都是這樣地愛了我們，致使我們還在此充軍之地時，也能真實無妄地談論祢與靈魂的這個交流！對那些聖善的靈魂，祢更是無限的慷慨大方和寬宏大量。總之，我的主，祢之給予，正如祢之所是！啊，無限的慷慨，祢的化工是何等的雄偉壯麗！致使那些不諳世事的人也感到驚恐，沒有人瞭解這些真理。對那些嚴重冒犯祢的靈魂，祢都賜予至高的恩惠，這確實使我感到迷惑不解，當我開始想到這些，我便只有呆定不前了。理智能行到何處而不走回

攝於西班牙梅地納隱院。

頭路呢？因為它不知道該怎樣稱謝如此大的恩惠。」（《自傳》18．3）

要喜樂

「我的靈魂，歡欣踴躍吧！因為有人愛你的天主，一如祂所應得的那樣；你要為有人認識祂的美善和價值而歡喜；也要感謝祂在此世賞賜給我們這樣認識祂的人，猶如祂的唯一聖子。在這庇蔭的保護下，你能夠靠近祂、呼求祂，因為至尊陛下要與你同樂；世上萬物，都不足以阻止你的喜樂，都不足以妨礙你歡欣於天主的宏偉，及贏得愛與讚美的方法。願上主助佑你，盡你微薄之力，好使祂的聖名受讚美；並能以真理讚美說：我的靈魂頌揚上主。」（《呼聲》7．3）

攝於西班牙亞味拉降生隱院的聖女大德蘭立像。

Appendices
加深閱讀的圖書目錄[36]

TERESA DE JESÚS, *Obras completas*. Edición preparada por Tomás Álvarez, Ed. Monte Carmelo, Burgos 19978.

ALVAREZ, Tomás – CASTELLANO, Jesús, *Teresa de Jesús enséñanos a orar*, Ed. Monte Carmelo, Burgos 19812.

HERRAIZ, Maximiliano, *La oración historia de amistad*, EDE, Madrid 19955.

SANCHO FERMIN, Fco. Javier, (coord.), *La meditación teresiana. Características fundamentales y su práctica*, CITeS, Ávila 2012.

36. 圖書目錄按西語原文呈現，以方便查閱。

國家圖書館出版品預行編目（CIP）資料

聖女大德蘭的祈禱學校／方濟各．沙勿略．桑丘．費爾明（Francisco Javier Sancho Fermin）著；韓瑞姝譯.
-- 初版. -- 臺北市：星火文化, 2022.10
240 面；17×23 公分. --（加爾默羅靈修；23）
譯自：Orar con Santa Teresa de Jesús
ISBN 978-986-98715-7-0（平裝）

1. CST：基督徒 2. CST：靈修 3. CST：祈禱

244.93 111014138

加爾默羅靈修 023
聖女大德蘭的祈禱學校

作　　　者／方濟各・沙勿略・桑丘・費爾明
（FRANCISCO JAVIER SANCHO FERMIN）
譯　　　者／韓瑞姝
內 文 圖 片／感謝作者及台灣加爾默羅會提供
執 行 編 輯／徐仲秋

出　版　者／星火文化有限公司
臺北市 100 衡陽路路 7 號 8 樓
營 運 統 籌／大是文化有限公司
業 務 企 畫／業務經理：林裕安　業務專員：馬絮盈　業務助理：李秀蕙
行銷企畫：徐千晴　美術編輯：林彥君
讀者服務專線：（02）23757911　分機 122
24 小時讀者服務傳真：（02）23756999

法 律 顧 問／永然聯合法律事務所
香 港 發 行／豐達出版發行有限公司
Rich Publishing & Distribution Ltd
香港柴灣永泰道 70 號柴灣工業城第 2 期 1805 室
Unit 1805, Ph. 2, Chai Wan Ind City, 70 Wing Tai Rd, Chai Wan, Hong Kong
電話：21726513　傳真：21724355
E-mail：cary@subseasy.com.hk

封 面 設 計／林雯瑛
內 頁 排 版／黃淑華
印　　　刷／韋懋實業有限公司

■ 2022 年 9 月　初版
ISBN／978-986-98715-7-0

Printed in Taiwan
定價320元
（缺頁或裝訂錯誤的書，請寄回更換）